Tiere untereinander

Formen sozialen Verhaltens

Von

Prof. Dr. Nikolaas Tinbergen

Lehrbeauftragter für Vergleichende Verhaltensforschung
an der Universität Oxford

ins Deutsche übertragen von

Prof. Dr. Otto Koehler

ehem. Direktor des Zoologischen Institutes der
Albert-Ludwigs-Universität, Freiburg i. Br.

Mit 84 Abbildungen im Text und auf 8 Tafeln

1975

VERLAG PAUL PAREY · BERLIN UND HAMBURG

Titel der Originalausgabe:

SOCIAL BEHAVIOUR IN ANIMALS

With Special Reference to Vertebrates

LONDON: METHUEN & CO. LTD.

NEW YORK: JOHN WILEY & SONS INC.

Dritte Auflage

1. Auflage 1955

2. Auflage 1967
ISBN 3-489-59736-2

CIP-Kurztitelaufnahme der Deutschen Bibliothek

Tinbergen, Nikolaas
Tiere untereinander : Formen sozialen Verhaltens
Einheitssacht.: Social behaviour in animals ⟨dt.⟩.
ISBN 3-489-60136-X

Umschlaggestaltung: Christian Honig, Neuwied am Rhein, unter Verwendung eines Fotos „Königspinguine in Südgeorgia" von Dr. Brian Roberts

© Verlag Paul Parey, Berlin und Hamburg, 1975. Anschriften: 1 Berlin 61, Lindenstraße 44–47; 2 Hamburg 1, Spitalerstraße 12. Printed in Germany by Werner Hildebrand, 1 Berlin 65, und Felgentreff & Goebel, 1 Berlin 61. Buchbinderei: Wübben & Co., 1 Berlin 42.

ISBN 3-489-60136-X

VORWORT ZUR DRITTEN AUFLAGE

Als der Verlag mir vorschlug, eine dritte Auflage dieses inzwischen mehr als zwanzig Jahre alten Buches vorzubereiten, hatte ich anfangs gewisse Bedenken. Gerade auf diesem Gebiet ist ja in den letzten Jahrzehnten sehr viel Neues entdeckt worden. Die soziale Organisation vieler scheinbar einfacher Tiergesellschaften hat sich als wesentlich verwickelter und oft auch als viel subtiler herausgestellt, als ich sie damals beschrieb. Eigentlich hätte ich also die Neuauflage völlig umarbeiten und ergänzen sollen. Das aber wäre sehr zeitraubend gewesen, und — wie es mein Freund KONRAD LORENZ so treffend ausgesprochen hat — Zeit ist das größte Opfer, das man einem Wissenschaftler abverlangen kann. Außerdem hätte eine solche gründliche Neubearbeitung wohl unvermeidlich aus meiner übersichtlichen Schrift ein sehr viel umfangreicheres, fast unverdauliches Buch werden lassen. Und nicht zuletzt bestätigten mir alle die Kollegen, deren Meinung ich besonders schätze, daß der ursprüngliche Text gerade wegen seiner Kürze und durch die im wesentlichen biologische Weise, in der alle Fragestellungen entwickelt werden, auch heute noch eine brauchbare Einführung in das Gebiet der Tiersoziologie darstellt.

Deshalb habe ich die vorliegende Neuauflage als eine somit unvermeidlich skizzenhafte Darstellung dieses nach wie vor fesselnden Forschungsgebietes freigegeben. Das betrachte ich schließlich auch deshalb als berechtigt, weil meine im letzten Kapitel enthaltene Behauptung ihre Gültigkeit nicht eingebüßt hat, daß nämlich der interessierte Anfänger sowie der akademisch ungeschulte Tierliebhaber nicht nur die Forschungsfreude mit uns teilen, sondern auch noch immer wesentlich Neues beitragen können.

Oxford, Oktober 1974   N. TINBERGEN

AUS DEM VORWORT ZUR ERSTEN AUFLAGE

Dieses Buch soll nicht unser Wissen über die Erscheinungsformen des sozialen Verhaltens erschöpfend darstellen. Wir wollen sie jedoch in der echt biologischen Sicht betrachten, welche die Pionierarbeit von KONRAD LORENZ eröffnet hat, und dabei viererlei besonders berücksichtigen. Wir müssen die sozialen Verhaltensweisen in all ihrer Vielfalt von neuem sorgfältig beobachten, die drei biologischen Hauptfragen nach der Leistung, den Ursachen und der Stammesgeschichte gleichwertig untersuchen, dabei stets mit der Beschreibung beginnen, qualitativ, dann quantitativ analysieren und endlich, was wir an Einzelheiten durch Analyse erfahren haben, unermüdlich wieder zum Ganzen zusammendenken.

Diese Forderungen und der verfügbare Raum bestimmten die Auswahl des Stoffes. Sehr viel Beschreibendes mußte wegfallen, DEEGENERS umfangreiches System tierischer Vergesellschaftungen blieb unberücksichtigt. Auch wurden die hochspezialisierten Insektenstaaten nur gestreift; denn darüber gibt es ausgezeichnete Spezialwerke.

So unterscheidet sich dieses Buch wesentlich von anderen Darstellungen sozialen Verhaltens. Manches, was andere sehr ausführlich behandelt haben, wird hier nur kurz berührt.

Meine Absicht war es, die Hauptfragen klar vorzutragen, sie zueinander und zu spezielleren untergeordneten Fragen in Beziehung zu setzen. Dieses und auch die Wiedergabe vieler Freilandbeobachtungen mit den ersten Anfängen qualitativer Analyse erforderte viel Raum. Darüber hinaus wollte ich einige neue Theorien vertreten, die großen heuristischen Wert zu haben scheinen. Deshalb sind die Bedeutung der Kämpfe zwischen Artgenossen, die Ursachen des Droh- und Balzverhaltens, die Funktion der Auslöser und andere letzthin bearbeitete Fragen etwas ausführlicher behandelt und dem Gesamtfragenkomplex möglichst passend eingeordnet.

Ich habe versucht, auch für tierliebende Nichtbiologen verständlich zu schreiben, um sie zur Mitarbeit anzuregen. Denn ich bin davon überzeugt, daß der Liebhaber unserer Wissenschaft viel helfen kann. Herrn Kollegen O. KOEHLER möchte ich für die sorgfältige und sinnvolle Übersetzung meinen herzlichsten Dank sagen.

Oxford, 1953   N. TINBERGEN

VORWORT DES ÜBERSETZERS

In seiner Instinktlehre hat TINBERGEN die Ergebnisse der von KONRAD LORENZ begründeten Vergleichenden Verhaltensforschung zum erstenmal authentisch zusammengefaßt. Wohl nannte er die Verhaltensforschung eine wichtige Hilfswissenschaft der Soziologie; aber er behandelte diese nicht gesondert, weil es, wie er auf S. 105 sagte, einen eigenen „Sozialinstinkt" nicht gibt: Jedem Artgenossen sind die gleichen Instinkte samt den zugehörigen Stimmungen bzw. Trieben und Auslösemechanismen angeboren; ohne lernen zu müssen, tut das Tier, was das Zusammenleben erfordert, und versteht, was der andere tut. Solche „Auslöser" sind genau wie unsere „Gebärdensprache": das Lächeln, Weinen, die Mimik der Angst oder Wut, jedem Artgenossen ohne weiteres verständlich und wirken ansteckend. Artfremde dagegen wissen oft nichts damit anzufangen. Kurzum, mehr oder weniger alle Instinkte können soziale Bedeutung gewinnen.

Aber KARL von FRISCH [40] fand auf einem verdorrten Blütenstengel fünf Furchenbienenmännchen (Abb. 1) beisammensitzen. Bei Tage flog jedes seiner Wege; sobald jedoch Regenwolken aufzogen oder es dämmerte, „kehrten sie stets genau an diesen Zweig und genau an diese Stelle des Zweiges zurück" und schliefen beisammen. Nichts zeichnete diesen Stengel vor ungezählten ebensolchen rundherum aus; er schützte sie weder vor Wind noch Regen, sie fanden dort weder Nahrung noch Weibchen. „Nur sich selber fanden sie da . . . und schienen ein Bedürfnis nach einander zu haben." — Offenbar gibt es doch einen Geselligkeitstrieb?

Abb. 1. Furchenbienenmännchen auf verdorrtem Blütenstengel (K. v. FRISCH, Aus dem Leben der Bienen, Springer-Verlag, Wien)

Dies hier vorliegende zweite Buch soll die Lücke ausfüllen, die das erste offen ließ, und dafür sind wir TINBERGEN besonders dankbar. Zudem wendet er sich diesmal auch an Nichtzoologen, ja gerade auch an solche, die vom Verhalten der Tiere noch gar nichts wissen; die streng definierten ethologischen Arbeitsbegriffe sind hier in immer wechselndem Ausdruck gefällig und dennoch unmißverständlich umschrieben. So soll dieses Buch unserer Verhaltensforschung neue Freunde werben und den so dringend notwendigen Brückenschlag zur Humansoziologie, ja zu den Geisteswissenschaften überhaupt, vorbereiten helfen.

Auf die Insektenstaaten ist TINBERGEN hier nicht näher eingegangen, denn — so sagt er in seinem Vorwort — „es gibt ja darüber ausgezeichnete Spezialwerke". In diesem Sinne ist KARL von FRISCHs Büchlein A u s d e m L e b e n d e r B i e n e n[45] die natürliche, ja notwendige Ergänzung zu TINBERGENs Tiersoziologie. Denn soviel wir heute wissen, gibt es bei keinem anderen Tier, nicht einmal dem Schimpansen, eine Art der sozialen Verständigung, die dem so nahe käme, was allein den Menschen auszeichnet und ihn zum Menschen macht: der Sprache.

Besonderer Dank gebührt dem Verlag P a u l P a r e y für die gute Ausstattung des Büchleins, N. TINBERGEN für seine Billigung dieser Übersetzung, ihm, GUSTAV KRAMER, Dr. KLAUS HOFFMANN und Dr. EIBL-EIBESFELDT für guten Rat und Fräulein A. HAUCHECORNE für entscheidende Hilfe.

Freiburg i. Br., im Mai 1955   O. KOEHLER

INHALT

Anmerkung: Die in eckige Klammern gesetzten Ziffern innerhalb des
Textes verweisen auf die Seitenzahlen des englischen Originals.

TAFELN

I

EINLEITUNG

Problemstellung

[1] Wenn man Stare, die im Schwarm leben, soziale Vögel nennt im Unterschied zu Einzelgängern wie dem Wanderfalken, der im Winter über den Flußmündungen jagt, so bedeutet sozial, daß wir es mit mehr als einem Individuum zu tun haben. Viele brauchen es nicht zu sein, ja auch im Verhalten nur eines Paares nenne ich vieles sozial. Aber nicht alle Ansammlungen von Tieren sind es; z. B. die Hunderte von Insekten, die in der Sommernacht um unsere Lampe fliegen, sind es meistens nicht. Sie können einzeln angekommen sein und sich rein zufällig versammelt haben, eben weil jedes zu der Lampe hingezogen wurde. Aber Stare, die uns an Winterabenden, ehe sie schlafen gehen, ihre bewundernswerten Flugmanöver vorführen, reagieren sicher aufeinander; ja ihr Exerzieren im Verbande ist von solcher Präzision, daß man ihnen übernatürliche Verständigungsmittel zutrauen möchte. Dies Zusammenhalten, indem jeder beachtet, was die anderen tun, ist ein zweites Kennzeichen sozialen Verhaltens. Hierin unterscheidet sich Tiersoziologie von der der Pflanzen; man nennt Pflanzengesellschaften alles, was beieinandersteht, gleich ob sie sich gegenseitig beeinflussen oder nur auf gleiche Art von denselben Außenbedingungen angezogen oder ausgelesen worden sind.

Der Einfluß, den soziale Tiere aufeinander ausüben, ist nicht nur Anziehung. Haben sie sich erst versammelt, so beginnen sie meistens auch enger zusammenzuarbeiten, etwas miteinander zu tun. Die Stare fliegen im Schwarm, wenden zugleich im gleichen Sinne, und einer gibt Alarm, worauf die anderen reagieren; oder sie wehren gemeinsam den Sperber ab oder den Wanderfalken (Abb. 11), indem sie ihn in dichter Wolke überfliegen. Hat ein Männchen sein Weibchen gefunden, [2] so handeln sie die ganze Sommerzeit über eng zusammen: beim Liebesspiel, Nestbau, bei der Brut und Aufzucht der Jungen.

Beim Sozialverhalten gilt es also zu untersuchen, in welcher Weise die Individuen zusammenarbeiten, mögen es nur zwei sein oder viele. Im Starenschwarm sind es Tausende, die aufeinander achten.

Wenn wir von solch gemeinsamem Tun sprechen, denken wir zugleich immer mehr oder weniger deutlich mit an seinen Zweck; wir nehmen an, es sei zu etwas nütze. Diese Frage nach der „biologischen Bedeutung", der „Leistung" von Lebensvorgängen ist ein besonders anziehendes Problem, in der Organphysiologie ebenso wie in der des Individuums, in der Verhaltensphysiologie und auf der nächsthöheren Stufe auch in der Soziologie. Anders als der Physiker und Chemiker muß der Biologe auch nach dem Zweck der Vorgänge fragen, die er untersucht. Dabei sind natürlich nicht Endzwecke gemeint. Ebensowenig wie der Physiker fragt, wozu Materie und Bewegung, fragt der Biologe, wozu es Leben gibt. Aber der unstabile Zustand, das Risiko, das alles Leben läuft, zwingt uns zu fragen, wie es möglich ist, daß das Lebendige nicht sogleich den ständig drohenden zerstörenden Einflüssen der Umgebung erliegt. Wie kann das Geschöpf überleben, sich selbst und durch Fortpflanzung seine Art erhalten? Der Zweck, das Ziel des Lebens in diesem engen Sinne ist Erhaltung des Individuums, der Gruppe und der Art. Eine Gesellschaft von Individuen soll bestehen bleiben, sich vor dem Zerfallen schützen wie ein Organismus auch, der ja — so sagt es schon der Name — eine Gesellschaft von Organen, von Organteilen und deren Unterteilen ist. Der Physiologe fragt, wie sich das Individuum oder das Organ oder endlich die Zelle durch wohlgeordnete Zusammenarbeit der Teile zu erhalten weiß. Ebenso muß der Soziologe fragen, wie die Glieder der Gruppe, die Individuen es machen, daß sich die Gruppe erhält.

Nach einigen Beispielen vom Gruppenleben verschiedener Tierarten werde ich in den nächsten Kapiteln erläutern, [3] was alles das soziale Verhalten eines Gruppengliedes zum Wohl der anderen und der ganzen Gruppe leistet, und danach besprechen, wie die Zusammenarbeit geregelt wird. Diese beiden Gesichtspunkte, Leistung und Verursachung, werden erörtert für das Verhalten der Geschlechtspartner, das Leben in der Familie und der Gruppe sowie für den Kampf. So werden wir Schritt für Schritt soziale Strukturen entdecken. Da sie alle nur vorübergehender Art sind, ist zu untersuchen, wie sie entstehen. Endlich gilt es herauszufinden, wie die Organismen im Laufe ihrer langen Stammesgeschichte das soziale Verhalten entwickelt haben, das wir heute an ihnen beobachten.

Die Silbermöwe 47, 50, 119, 120, 168

Den ganzen Herbst und Winter über leben die Silbermöwen im Schwarm. Schwarmweise suchen sie Nahrung, wandern und schlafen sie. Wer täglich futtersuchende Silbermöwen beobachtet, sieht bald, daß gewöhnlich nicht nur irgendein Außenfaktor, z. B. reichliche Nahrung, sie zusammenführt. Eine Gruppe, die auf Wiesen Regenwürmer zu fangen pflegte, sah ich bald auf dieser, bald auf jener. Irgendwann zog der ganze Flug auf eine neue Weide um. Regenwürmer gab es stets im Überfluß; es war keine Rede davon, daß die Möwen abzogen, weil sie den Vorrat erschöpft hätten. So leicht ist es nicht, ein Regenwurmvolk zu zehnten. Wann immer Einzelmöwen von anderen Futterplätzen herkamen, fielen sie bei der Gruppe ein und nirgends sonst auf der Wiese. Immer war es die Gruppe, was sie anzog.

Die Möwen im Schwarm reagieren in verschiedener Weise aufeinander. Kommen wir zu nahe heran, so stellen manche die Nahrungsuche ein, recken den Hals und blicken uns gespannt und aufmerksam an. Immer mehr Vögel tun dasselbe; bald starrt die ganze Schar nach uns hin. Dann ruft wohl eine Alarm, ein rhythmisches ga-ga-ga, und plötzlich fliegt sie ab. Sofort folgen die anderen, die ganze Kumpanei verläßt die Szene, so gut wie gleichzeitig. Das könnte natürlich daran liegen, daß sie alle zugleich auf den gleichen Außenfaktor, nämlich auf uns reagieren. [4] Aber recht oft, z. B. wenn man sich unter Deckung anschleicht, entdeckt uns nur ein Vogel oder zwei, und dann sieht man, wie ihr Langwerden, ihr Warnruf oder Auffliegen die anderen ansteckt, die offenbar selbst keine Gefahr bemerkt hatten.

Im Frühjahr besucht der Schwarm die Brutgründe auf den Sanddünen gemeinsam. Sind sie nach langem Kreisen in der Luft eingefallen, dann sondern sich die Paare und beziehen Reviere im Koloniebereich. Aber nicht alle Möwen sind schon verpaart, manche bleiben in sogenannten Clubs beisammen. Hier finden sich neue Paare, wie es ausgiebige Dauerbeobachtungen buntberingter Möwen gezeigt haben, und zwar wählt das Weibchen. In auffälliger Haltung nähert sie sich einem Männchen. Sie zieht den Hals ein, steckt den Schnabel vor und hebt ihn etwas an, und so umkreist sie langsam den Erwählten. Darauf kann er zweierlei tun. Entweder stolziert er herum und greift andere Männchen an, oder er ruft langschallend

1*

und geht mit ihr ab. Oft bettelt sie ihn dann mit merkwürdig ruck-
artigen Kopfbewegungen um Futter an. Darauf würgt er etwas
Futter aus (Abb. 2),
das sie gierig ver-
schlingt. Zu Beginn
der Balzzeit ist das
manchmal nur ein
Flirt, der zu keiner
ernsten Bindung
führt. Aber gewöhn-
lich macht es die Part-
ner vertraut mitein-

Abb. 2. Silbermöwenmännchen (links) im Begriff,
sein Weibchen zu füttern

ander, und so schließt sich das Paar immer fester zusammen. Sind sie
richtig verlobt, gehen sie auf Wohnungssuche. Sie verlassen den
Club und beziehen ein Revier irgendwo in der Kolonie. [5] Hier
beginnen sie ein Nest zu bauen. Beide sammeln Genist und tragen
es zum Nistplatz. Dann setzen sie sich abwechselnd, scharren eine
flache Grube aus und polstern sie mit Gras und Moos.

Ein- oder zweimal täglich begatten sie sich, stets nach langem
Vorspiel. Einer fängt an, mit dem Kopf zu stoßen wie beim Futter-
betteln; aber im Unterschied zur Balzfütterung tun es jetzt beide.
Das geht eine Zeit lang so weiter, bis das Männchen allmählich seinen
Hals vorstreckt; plötzlich springt es hoch und tritt das Weibchen,
wobei es seine Kloakenmündung mehrmals auf die des Weibchens
drückt.

Gleichzeitig mit der Paarbildung, mit Nestbau, Balzfüttern und
Copula, wird noch eine Verhaltensweise auffällig, vor allem bei
den Männchen: das Kämpfen. Schon im
Club können sie so kampfmutig werden,
daß sie jede Möwe aus ihrer Nähe ver-
jagen. Hat der Mann sein Revier abge-
steckt, duldet er keine Grenzverletzung
mehr und greift jeden Eindringling an.
Meist kommt es nicht zu wirklichem
Kampf; schon die Drohung schlägt den
Gegner in die Flucht. Die mildeste der drei
Drohweisen ist die a u f r e c h t e D r o h -

Abb. 3. Aufrechtdrohendes
Silbermöwenmännchen

h a l t u n g (Abb. 3): das Männchen macht den Hals lang, senkt die
Schnabelspitze, und manchmal hebt es die Flügel etwas an. In dieser

Haltung geht es merkwürdig steif, alle Muskeln gestrafft, auf den Fremden zu. Die nächststärkere Drohstufe ist das G r a s r u p f e n. Das Männchen geht ganz dicht an den Gegner heran, beugt sich blitzschnell zu Boden und pickt wütend hinein. Was es dabei zu fassen kriegt, Gras, Moos oder Wurzel, das reißt es aus. Zur dritten und höchsten Stufe, dem W ü r g e n kommt es, wenn beide Partner gemeinsam ein Nachbarpaar stellen. Sie beugen das Fersengelenk, senken die Brust, zeigen mit dem Schnabel bodenwärts, senken das Zungenbein, was ihnen einen sehr merkwürdigen Gesichtsausdruck gibt, [6] und deuten Pickbewegungen an, alles begleitet von rhythmischen, heiser gurrenden Lauten.

All diese drei Drohgebärden versteht jede Möwe; oft zieht sie sich zurück, so daß es nicht erst zum Kampf kommt.

Auf dem fertigen Gelege brüten beide Partner abwechselnd. Keinen Augenblick lassen sie die Eier unbewacht. Wenn einer brütet, kann der andere meilenweit entfernt Futter suchen. Kehrt er zurück, so wartet der Brütende, bis jener zum Nest kommt; das geschieht unter bestimmten Bewegungen und Rufen. Gewöhnlich hört man das langgezogene, katzenartige „Miau"; oft bringt er auch Genist mit. Dann erhebt sich der Brütende, und der Heimgekehrte nimmt seinen Platz ein.

Das Brüten darf als soziales Verhalten gelten, denn ein gelegtes Ei ist ein Individuum. Auch wenn wir solch einseitige Beziehung nicht gern als echt sozial anerkennen wollen, so dürfen wir doch nicht vergessen, daß auch das unbewegliche Ei Schlüsselreize sendet, die das Verhalten des Elternvogels erheblich beeinflussen. Mit dem Schlüpfen der Eier werden die Beziehungen zwischen Eltern und Jungen vollends gegenseitig. Anfangs verhalten sich die Jungen noch vorwiegend passiv; sie lassen sich wärmen. Aber schon nach ein paar Stunden fangen sie zu betteln an. Sowie der Altvogel aufsteht, picken sie immer wieder nach der elterlichen Schnabelspitze. Bald würgt der Altvogel Futter aus, einen Fisch, eine Krabbe oder ein Knäuel halbverdauter Regenwürmer. Mit der Schnabelspitze ergreift er ein kleines Stückchen davon, hält es mit vorgestrecktem Kopf geduldig den Kleinen hin (Abb. 4) und wartet, bis eines nach manchen Fehlschlägen endlich das Bröckchen packt und

Abb. 4.
Silbermöwe füttert ihr Junges

schluckt. Gleich wird ein neues angeboten und so fort. [7] Wenn keines mehr bettelt, verschluckt der Altvogel rasch, was übrigblieb, und wärmt die satten Jungen.

Eine andere Beziehung zwischen Eltern und Kindern wird deutlich, wenn Räuber in die Kolonie eindringen. Hunde, Füchse und Menschen lösen äußerst heftige Antworthandlungen aus. Die Alten schreien gagaga! gagagaga! und fliegen auf. Dieser wohlbekannte Alarmruf veranlaßt die Kücken, sich in die nächste Deckung zu drücken; die Alten läßt er auffliegen und sich zum Angriff vorbereiten. Aber sie greifen nicht alle miteinander, sondern nur paarweise an. Beide Gatten stoßen auf den Störenfried nieder, ja, sie können ihn mit einem oder beiden Beinen treten, wenn er dem Nest zu nahe kommt. Manchmal verstärken sie den Angriff durch Beschuß mit erbrochener Nahrung oder Kot, höchst widerlichen Waffen. Dennoch ist die Abwehr nicht immer erfolgreich: Füchse, Hunde und

Abb. 5. Sichdrückendes Silbermöwenkücken

Menschen lassen sich dadurch etwas beirren und suchen nicht so gründlich, wie wenn sie ungestört wären. Wohl entgehen ihnen so manche Nester und vor allem Junge, aber nichts hält sie ab, alles zu rauben, worauf sie zufällig stoßen. Wie dieser Möwenangriff, so sind alle biologischen Aufgaben nur unvollkommen gelöst, nichts wirkt ganz sicher, nichts führt ausnahmslos zum vollen Erfolg, aber alles trägt mehr oder weniger dazu bei. Eine gute Hilfe in der Abwehr gegen Raubfeinde sind weiter die Tarnfarbe und das Tarnverhalten der Kücken. Ihr Sichdrücken (Abb. 5) dient allein dazu, daß sie dem Späherblick des Raubfeindes entgehen.

Ungefähr nach einem Tage werden die Kücken beweglicher. Sie krabbeln umher und entfernen sich immer weiter vom Nest, halten sich aber in den Reviergrenzen; nur in dem allgemeinen Aufstand, den z. B. der Besuch einer Gruppe von Naturfreunden verursacht, laufen sie wohl auch darüber hinweg. Zuviel Naturliebe wird ihnen oft zum Verderben, denn jenseits der Grenze greift der dortige Revierinhaber sie an, und oft genug hackt er sie tot. Wer die Natur wirklich liebt, soll auf Abstand beobachten, und je geduldiger er es tut, um so mehr Freude wird er daran haben. Fast alles hier Beschriebene läßt sich so verfolgen.

[8] So sehen wir viele Belege für soziale Organisation. Manche Handlungen führen dazu, daß sich Paare bilden. Andere Verhaltensweisen der Gatten dienen nicht der Zeugung, sondern der Familie. Drittens sind elterliche und kindliche Verhaltensweisen aufeinander abgestimmt. Das Kücken bettelt die Eltern um Futter an; die Eltern veranlassen durch ihren Warnruf die Kücken, sich zu verkriechen und still zu verhalten. Weiter verständigen sich die einzelnen Paare miteinander: der Alarmruf jagt die ganze Kolonie auf. All dies ermöglicht die Aufzucht sehr vieler Jungvögel. Das ist uns sehr vertraut, und es scheint überflüssig, es zu erwähnen. Aber jede noch so kleine Störung des so fein ineinandergreifenden sozialen Getriebes kann schlimme Folgen haben. So sah ich eine brütende Möwe mehrmals aufstehen und sich eine Minute „die Beine vertreten". Als sie sich knapp zwei Meter neben dem Nest putzte, stieß eine andere im Sturzflug herab und hackte in ein Ei, das mittendurchbrach. Noch ehe sie ihr Mahl beginnen konnte, hatte die Brutmöwe sie schon verjagt. Aber eine Minute Erholung hatte sie ein Ei gekostet. — Bei einem anderen Paar war das Männchen nicht brütig und löste sein Weibchen niemals ab. Sie hielt standhaft durch und saß fast ununterbrochen auf den Eiern, bis zum 20. Tage. Am 21. verließ sie das Nest, und die Brut war verloren. So schlimm das für die Jungen war, war es doch ein Segen für die Art; denn hätten die Kinder den Fehler des Vaters geerbt, so wären es drei Mißratene statt eines gewesen.

Der dreistachlige Stichling [88, 89, 90, 118, 143, 164, 183]

Außerhalb der Fortpflanzungszeit leben die Stichlinge in Schwärmen. Wenn sie gemeinsam Futter suchen, wird ein Verhaltenszug deutlich, der bei den Möwen weniger auffällt, obwohl auch sie ihn besitzen. Hat nämlich ein Fisch etwas besonders Gutes geschnappt und fängt an, es mit der dem Stichling eigenen Gier zu verschlingen, dann eilen andere herbei und versuchen es ihm zu rauben. Das kann teilweise glücken; denn manch einer zerreißt die Beute und kann sich seinen Anteil sichern. Weniger Glückliche beginnen dann am Boden zu suchen. Das heißt, wann und wo einer aus dem Schwarm etwas fand, [9] lohnt es sich für die anderen zu suchen. So können Ansammlungen von Beutetieren entdeckt und bis zum letzten ausgenutzt werden.

Wie bei der Silbermöwe sind zur Brutzeit die Handlungen der Artgenossen viel feiner aufeinander abgestimmt als je im Herbst oder Winter. Als erste verlassen die Männchen den Schwarm und gründen Reviere. Sie legen das prächtige Hochzeitskleid an; das Auge wird leuchtend blau, der vorher dunkel bräunliche Rücken wird grünlich, der Bauch rot. Der Revierbesitzer greift jeden in seinen Bereich einschwimmenden Fisch an, besonders wenn es ein Männchen der eigenen Art ist (Abb. 6). Auch hier ist Kämpfen seltener als Drohen, und das sieht beim Stichling sonderbar aus. Er fährt mit aufgestellten Rückenstacheln und offenem Munde bißbereit dem Eindringling entgegen; aber wenn der nicht gleich flieht, sondern bleibt,

wo er ist, dann neigt sich das Reviermännchen, anstatt zuzubeißen, abwärts, bis es senkrecht auf dem Kopfe steht. So stößt es hinab, als wenn es die Schnauze in den Sand bohren wollte; oft richtet es dabei auch einen oder beide Bauchstacheln auf.

Abb. 6. Kampf zweier dreistachliger Stichlingsmännchen an der Reviergrenze

Ist das Männchen ungestört, dann baut es sein Nest. An einem günstigen Platz hebt es eine Grube aus, indem es den Mund voll Sand nimmt, damit etwa 12 bis 15 Zentimeter weiter schwimmt und dort ablädt. [10] Dann sammelt es Niststoff, meistens Algenfäden, und preßt sie in die Grube. Von Zeit zu Zeit schleift es den langsam zitternden Leib über dies Bett und scheidet dabei Nierenschleim aus, der die Pflanzen zusammenklebt. So entsteht binnen Stunden oder Tagen eine grüne Kugel, durch die es sich einen Tunnel hindurchbohrt.

Sowie das Nest fertig ist, wechselt das Männchen seine Farbe. Das Bauch-Rot wird noch leuchtender; alle Schwarzzellen des Rückens ziehen ihr Pigment ganz eng punktförmig zusammen. Dadurch werden die darunter liegenden, bläulich glitzernden Guaninkristalle aufgedeckt, so daß sich der Rücken glänzend weißbläulich färbt. Der helle Rücken, die dunkelrote Unterseite und das leuchtend blaue Auge machen das Männchen sehr auffällig. Diese Paradeuniform trägt es nun auf und ab im Revier spazieren.

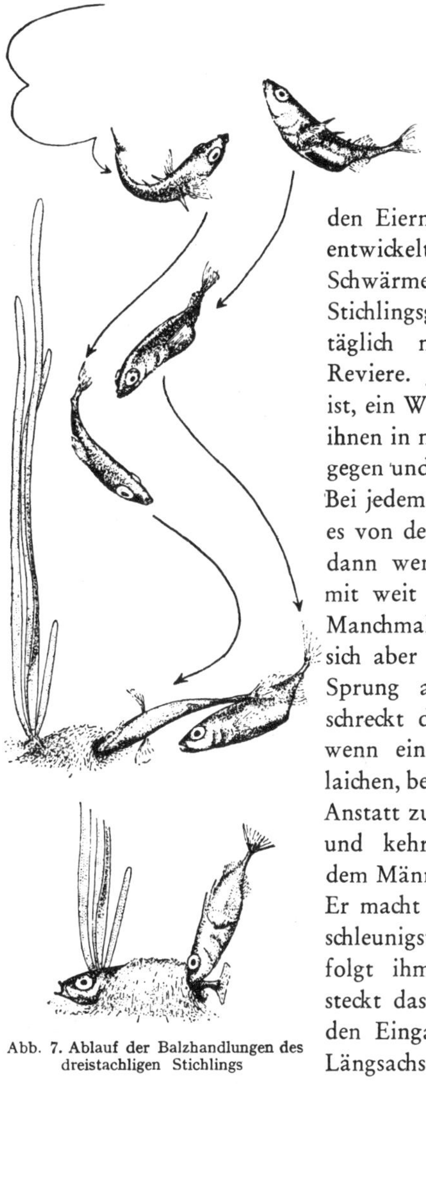

Inzwischen haben die Weibchen, die sich nicht im geringsten ums Nisten kümmern, [11] einen leuchtenden Silberglanz angenommen; ihr Bauch ist dick aufgetrieben von den Eiern, die sich in ihren Ovarien entwickelt haben. Sie schwimmen in Schwärmen umher. In einem guten Stichlingsgebiet führt sie der Weg täglich mehrmals durch bewohnte Reviere. Jedes Männchen, das bereit ist, ein Weibchen zu empfangen, tanzt ihnen in merkwürdigen Sprüngen entgegen und rund um sie herum (Abb. 7). Bei jedem dreht es sich erst, als wollte es von den Weibchen wegschwimmen; dann wendet es sich ihnen plötzlich mit weit offenem Maule wieder zu. Manchmal stößt es auf sie, wendet sich aber gleich wieder zum nächsten Sprung ab. Die meisten Weibchen schreckt dieser Zick-Zack-Tanz; aber wenn eines gerade bereit ist abzulaichen, bewirkt er genau das Gegenteil. Anstatt zu fliehen, bleibt sie am Platz und kehrt schräg aufwärtsgewandt dem Männchen ihren dicken Bauch zu. Er macht sofort kehrt und schwimmt schleunigst zum Nest. Das Weibchen folgt ihm. Am Nest angekommen, steckt das Männchen die Schnauze in den Eingang und dreht sich um die Längsachse, so daß es auf der Seite

Abb. 7. Ablauf der Balzhandlungen des dreistachligen Stichlings

liegt und dem Weibchen den Rücken zukehrt, das nun versucht, sich ins Nest hineinzuzwängen. Mit einem starken Schwanzschlag gelingt es ihr, in die enge Öffnung einzudringen; sie schlüpft hinein: vorn schaut ihr Kopf, hinten ihr Schwanz heraus. Jetzt betrillert das Männchen mit schnellen Schnauzenstößen ihr Hinterende. Nach einiger Zeit hebt sie den Schwanz und laicht bald darauf ins Nest ab. Danach verläßt sie es ruhig, während er seinerseits hindurch fährt und dabei die Eier besamt. Dann verjagt er das Weibchen, kehrt zum Nest zurück, bessert das Dach aus, das sich beim Durchschlüpfen der beiden gehoben hatte und zerriß; oft legt er auch die Eier zurecht, so daß sie wohl geborgen sind. Das ist das Ende der Hochzeitszeremonie. Von Ehe kann man hier nicht sprechen, denn die Stichlinge kennen sich nicht persönlich. Das Weibchen hat nur den Laich herzugeben; die ganze Brutpflege und Jungenführung ist dem Männchen überlassen. Das einzige, was die beiden miteinander verbindet, sind zwei rasch ablaufende Reaktionsketten; eine löst das nächstfolgende Glied der anderen aus und umgekehrt, wie das folgende Schema es zeigt [12].

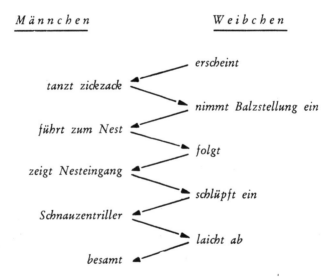

Männchen　　　　　　　　　　*Weibchen*

erscheint

tanzt zickzack

nimmt Balzstellung ein

führt zum Nest

folgt

zeigt Nesteingang

schlüpft ein

Schnauzentriller

laicht ab

besamt

Ein Männchen kann in wenigen Tagen zwei, drei oder noch mehr Weibchen anbalzen und ebensoviele Gelege in seinem Nest ansammeln. Dann schwindet der Geschlechtstrieb, und statt dessen erwacht der Brutpflegetrieb; er bestimmt ihn, jeden Eindringling, Männchen, Weibchen, andere Fische oder Räuber, abzuweisen und die Eier zu befächeln. Dazu stellt er sich mit schräg abwärts geneigtem Kopf vor den Nesteingang und schickt einen Wasserstrom zum Nest, indem er mit beiden Brustflossen abwechselnd vorwärts rudert. Um den Rücktrieb auszugleichen, den dieser Flossenschlag

Abb. 8. Stichlingsmännchen beim Jungehüten

seinem Körper erteilt, schlägt er gerade so stark mit dem Schwanz, daß er genau auf der Stelle stehen bleibt. Diese Bewegungen saugen Wasser hauptsächlich von oben und unten her zu ihm hin und treiben es teils nestwärts, teils rückwärts an ihm entlang. Recht verwickelte Kombinationen von Reizen, die das Nest, die Eier und die Umgebung senden, regeln diese Tätigkeit. Die mit Fächeln verbrachte Zeit nimmt von Tag zu Tag zu. Am Anfang fächelt er in jeder halben Stunde durchschnittlich 200 Sekunden lang, am Ende der ersten Woche gut 20 Minuten. Diese Zunahme beruht zum Teil auf stärkerer Reizung durch die Eier, die um so mehr Sauerstoff veratmen, je weiter sie sich entwickeln; das Männchen spürt die Sauerstoffarmut des angesogenen Wassers. Außerdem und unabhängig von äußeren Reizen wächst nachweislich der Fächeltrieb.

Nach sieben oder acht Tagen schlüpfen die Jungen, bleiben aber noch mindestens einen Tag im Nest. Sobald sie es verlassen, stellt das Männchen ziemlich plötzlich das Fächeln ein [13] und bewacht nun sorglich den Schwarm der schwimmenden Jungen (Abb. 8). Sowie eines Anstalten macht, die „Schule" zu verlassen, schnappt der Vater es auf und spuckt es in den Schwarm zurück. Meist sind die Jungen zu langsam, um ihm zu entwischen. Nur bei einer Gelegenheit holt er sie nicht ein, nämlich wenn sie plötzlich einzeln zum Wasserspiegel hochschießen, ihn berühren und ebenso schnell wieder abwärts schwimmen. Oft sieht das der Vater und versucht sie zu schnappen, aber er verfehlt sie immer und erreicht sie erst unten wieder, nach ihrer Rückkehr. Dieser ungewöhnliche Sprung zum Wasserspiegel ist lebensnotwendig: Die Jungen erschnappen eine einzige Luftblase, die durch den Schlund und einen engen, von diesem abzweigenden Gang in die Schwimmblase geleitet wird. Erst wenn sie dort angelangt ist, kann die Schwimmblase selbst Gas abscheiden. Und deshalb müssen die Jungen diesmal so blitzschnell sein: denn so kommen sowohl böswillige Räuber wie auch der wohlmeinende Vater zu spät. In den nächsten zwei Wochen werden die Jungen immer selbständiger und entfernen sich immer weiter vom Nest. [14] Der väterliche Hütetrieb schwindet; statt dessen bleiben jetzt die Jungen aus eigenem Antrieb beisammen. Noch bewacht der Alte den Schwarm; aber allmählich verliert er die Lust und zugleich sein prächtiges Kleid. Nach ein paar Wochen verläßt er das Revier und sucht Gesellschaft bei seinesgleichen, während sich die Jungen mit Gleichaltrigen zusammenschließen.

So ähnelt das Sozialverhalten des Stichlings in mancher Hinsicht dem der Silbermöwe. Bei beiden sichern artgemäße Verhaltensweisen die Synchronisation der Geschlechtshandlungen, die zur Besamung der Eier führen; sogleich danach allerdings bricht das Stichlingsmännchen den Zusammenhalt mit dem Weibchen ab. Vergleichbar sind ferner die Beziehungen des Männchens zu den Eiern und zu den Jungen, die Beziehungen der Jungfische zu einander und endlich die Kämpfe. Die Jungen erregen den Vater auf mancherlei Art, und er antwortet mit verschiedenen Weisen elterlichen Verhaltens. Ob er in gleicher Weise auf die Kinder einwirkt und sie veranlaßt, beim Nest zu bleiben, außer wenn er sie zwangsweise verfrachtet, ist noch ungewiß.

Der Samtfalter [171]

Von den Insekten wähle ich den Samtfalter (Abb. 9) als Beispiel, weil ich sein Verhalten besser kenne als das anderer Kerbtiere. Die Raupen überwintern an dürren Hartgräsern, die im trockenen Wohngebiet dieser Art wachsen. Sie verpuppen sich am Frühlingsende. Anfang Juli schlüpfen die ersten Falter und sind einen Teil ihrer Zeit mit Futtersuche beschäftigt: sie saugen Nektar aus mancherlei Blüten und besuchen blutende Bäume, vor allem solche, die

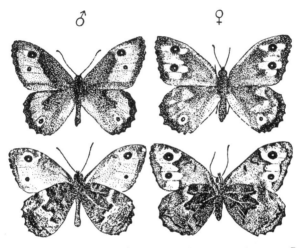

Abb. 9. Der Samtfalter. ♂=Männchen. ♀=Weibchen. Oben: Rückenseite, unten: Bauchseite. Duftfeld auf dem linken Vorderflügel des Männchens schwarz umrandet (nach TINBERGEN und Mitarbeitern 1942)

aus Gängen der Weidenbohrerraupe bluten. Man sieht die Samtfalter zu fünf, zu zehn oder noch mehr, aber das ist ebensowenig eine Sozietät wie die Gäste im Speisewagen; nur Außenreize, hier die Farbe und der Duft der Nahrung, haben sie dort zusammengeführt. Bald wird auch das Fortpflanzungsverhalten wach. Die Männchen stellen die Nahrungssuche ein und beziehen Posten am Boden oder auf Baumrinde. Sie sind äußerst aufmerksam, und sowie irgendein Schmetterling vorbeikommt, fliegen sie ihm nach. Ist es ein paarungsbereites Samtfalterweibchen, so beantwortet sie den Anflug des Männchens, indem sie am Boden landet. [15] Er folgt und landet hinter ihr. Dann geht er um sie herum, bis er ihr gegen-

übersteht. Ist sie noch nicht erregt genug, so klappt sie mit den
Flügeln, was ihn oft vertreibt. Wenn sie stillhält, beginnt er seinen
eleganten Antrag. Er klappt die Flügel auf- und vorwärts, dann hält
er sie leicht gehoben, so daß die wundervollen schwarzen Augenflecke mit der weißen Pupille auf den Vorderflügeln sichtbar sind;
so öffnet und schließt er sie rhythmisch und bewegt die Fühler ein
paar Sekunden bis zu einer vollen Minute. Dann hebt er die Vorderflügel und öffnet sie weit, und mit einer langsam zitternden Bewe-

Abb. 10. Die „Verbeugung" des Samtfalters (nach TINBERGEN und Mitarbeitern 1942)

gung neigt er sie — fast ohne die Körperstellung zu ändern — so
weit vorwärts, daß es aussieht, als verneige er sich tief vor ihr
(Abb. 10). Indem er, immer noch in dieser Haltung, die Vorderflügel
langsam wieder zusammenschlägt, klemmt er die Fühler des Weibchens zwischen sie ein (vgl. S. 175). Die ganze Verneigung dauert
etwas mehr als eine Sekunde. Dann zieht er seine Flügel zurück, geht
rasch um sie herum, bis er genau hinter ihr steht, krümmt seinen
Hinterleib haarnadelartig vorwärts abwärts [16] und verhakt seine
Begattungsorgane in die des Weibchens. Ist das gelungen, so wendet
er nochmals um 180 °, so daß beide nach entgegengesetzten Seiten
blicken, und kopuliert in dieser Endstellung 30 bis 40 Minuten. Dann
gehen sie endgültig auseinander. Für den Rest seines Lebens ist der
Samtfalter ein Einzelgänger und schließt sich niemals mehr mit

jemand zusammen. Das Weibchen legt seine Eier einzeln an sorgfältig ausgewählte Halme der Futterpflanze. Daher schlüpfen und
leben auch die Räupchen einzeln. Die Paarung ist der einzige soziale
Akt im Leben des Samtfalters.

Formen des sozialen Zusammenschlusses

Das erste, was zwei oder mehrere Individuen zusammenführt, ist
gewöhnlich gegenseitige Anziehung; sie begegnen sich keineswegs
zufällig, etwa indem einer über den anderen stolpert, sondern sie
suchen einander, oft über große Entfernungen, und finden sich. Im
April treffen die Nachtigallenmännchen in ihren Brutgebieten ein;
ihr lauter, anhaltender Gesang verrät sie bald, und es ist eine rechte
Freude, sie am frühen Morgen zu beobachten. Bald merkt man, daß
jedes Männchen seine Wanderungen auf ein kleines Stückchen Land
beschränkt, auf sein Revier. Auch sind alle Männchen allein; die
Weibchen fehlen noch. Aber plötzlich ist eines angekommen, hat sich
dem Männchen zugesellt, und von nun an sind sie ein Paar. Wenn
man weiß, daß solch ein Weibchen viele Tage später als das Männchen den ganzen langen Weg, von den Winterquartieren und um
das Mittelmeer bis zu uns, allein gezogen ist, dann fragt man sich
verwundert, wie sie es fertig gebracht hat, ein Männchen zu finden.

Nicht weniger Erstaunliches leistet das große Nachtpfauenauge,
von dem der berühmte französische Insektenforscher FABRE berichtet. [17] Bald nachdem aus der Puppe, die er eingetragen hatte,
ein Weibchen geschlüpft war, war es von vielen Männchen umgeben,
von denen manche von weither angeflogen sein müssen, da die Art
dort selten war. Ähnliches gilt für viele andere Schmetterlingsarten
wie die Glucken (Lasiocampidae), die Nonnenartigen (Lymantriidae)
und die Sackspinner (Psychidae) [106, 107].

Solche Beispiele überraschen uns, weil derartige Leistungen unsere
eigenen zu übertreffen scheinen. Aber dem Wesen nach sind sie nicht
rätselhafter als das Sichfinden bei sehr vielen anderen Arten, die nur
weit kürzere Strecken zu überwinden brauchen. Ein Mückenschwarm,
eine Schule Delphine auf hoher See, eine Gänsefamilie auf dem
Bauernhof und die Gruppenbildung bei ungezählten anderen Tierarten stellen uns ebensoviele Fragen wie die beiden Beispiele, die

wir oben besprachen: Erstens, welche Sinne sie zusammenführen. Sehen sie einander, oder hören oder riechen sie sich, oder gebrauchen sie Sinne, die uns fehlen und von denen wir nichts wissen? Und haben wir diese Frage beantwortet, warum befolgen sie die Botschaft, die ihre Sinne empfangen? Und wie verstehen sie, wie „wissen" sie, was die Mitteilung „bedeutet"? Kurz, welcher Mechanismus liegt dieser Gemeinsamkeit zugrunde? Weiter wollen wir wissen, wozu solche Vergesellschaftungen dienen. Bei den Verpaarungen [87, 101] kennen wir den Zweck bereits. Aber was nützt den Staren oder Schwalben ihr Schwarm? Oder, um eine Einzelheit ins Auge zu fassen: wozu verbeugt sich das Samtfaltermännchen?

Haben sich die Artgenossen gefunden, so handeln sie auf mancherlei Weise gemeinsam. Im einfachsten Falle tun alle dasselbe. Flieht eine Silbermöwe, so fliehen alle mit. Wenn Haushennen, die sich satt gegessen haben und ihr Futter liegen lassen, eine aus ihrer Schar wieder beginnen sehen, dann fangen alle nochmals zu essen an [67], gerade wie die schon erwähnten Stichlinge. Diese A n s t e c k u n g , diese Stimmungsübertragung — Mc Dougall [108] nannte es sympathetische Induktion — spielt bei vielen Tieren und uns selbst ihre Rolle. Wir müssen mitgähnen, wenn wir jemand gähnen sehen, wir werden angesteckt, wenn wir beim Nachbarn Anzeichen großer Angst beobachten. Mit Nachahmung hat das nichts zu tun. Die Tiere, die mitmachen, lernen gewiß nicht vom Zusehen, wie ein anderer sich bewegt, sich ebenso zu bewegen. Sondern sie kommen in dieselbe Stimmung und machen die ihnen angeborenen Bewegungen, die dieser Stimmung entsprechen.

[18] Bei den Flugmanövern des Staren- oder Strandvogelschwarms beobachtet man eine andere Art des Zusammenspiels. Diese Tiere fliegen nicht nur, wenn die anderen fliegen, sondern sie richten ihren Flug auch wie sie. Man kann sich nicht satt daran sehen, wie Tausende von Staren, die abends über ihrer Schlafstätte kreisen, wie auf Kommando nach links, rechts, auf- und abwärts schwenken (Abb. 11). Sie bewegen sich so völlig gleichgeordnet, daß man über dem Anblick der einen Wolke die einzelnen vergißt und sich nur noch ein riesiges Überindividuum vorstellt.

Tafel 1
Stichlingsmännchen, das sein Spiegelbild androht

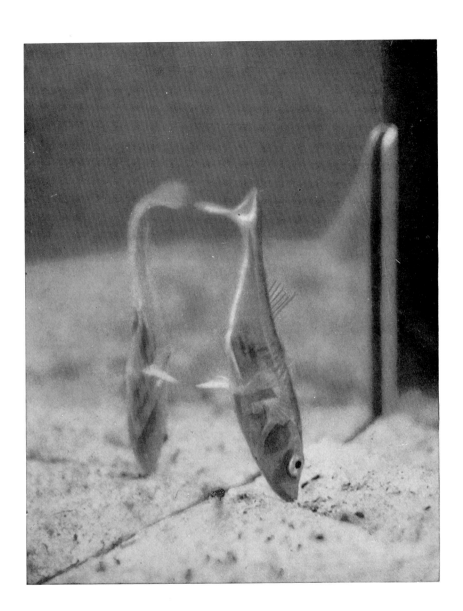

In all diesen Fällen tun alle Angehörigen der Gruppe dasselbe. Anderswo aber besteht Arbeitsteilung. Bei Raubvögeln z. B. jagt das Männchen für die Familie, das Weibchen pflegt die Brut. Der

Abb. 11. Starenschwarm verdichtet sich vor angreifendem Wanderfalken.
Aufnahme W. von Sanden

Vater bringt das Futter zum Nest, aber füttert nicht selbst, sondern übergibt die Beute der Mutter (Abb. 12); die zerteilt sie und atzt die Jungen. Viele Vögel beginnen eine zweite Brut, ehe die Jungen der ersten selbständig geworden sind. Dann müssen die Eltern die zweiten Eier bebrüten und gleichzeitig die ersten Jungen betreuen. Beim Ziegenmelker [80] bewacht und füttert das Männchen die ersten Jungen, während das Weibchen auf dem zweiten Gelege brütet. Beim Sandregenpfeifer [71, 72, 86] tauschen beide bei jeder Ablösung ihre Rollen; jetzt brütet er auf den Eiern, sie führt die Jungen, dann geht

2 Tinbergen, Tiere

sie auf die Eier, er zu den Jungen, und so fort. Das erfordert natürlich engste Zusammenarbeit und Synchronisation.

Aufs höchste gesteigert ist die Arbeitsteilung im Bienenstock [45, 93, 126].

Nur die Königin legt Eier, die Drohnen haben nichts zu tun als die jungfräuliche Königin auf ihrem Hochzeitsfluge zu begatten. Alle anderen Pflichten erfüllen die Arbeiterinnen; das sind unfruchtbare Weibchen. [19] Jede tut im Laufe ihres Lebens alle Dienste, aber in verschiedenen Lebensaltern. So sieht man die einen Waben bauen, andere die Larven füttern, dritte das Flugloch bewachen und Eindringlinge abweisen; wieder andere sammeln Honig und Pollen usw.

Abb. 12. Turmfalkenmännchen übergibt seinem Weibchen Beute

Die Verhaltensweisen der beiden Partner sind oft sehr fein aufeinander abgestimmt. Das zeigt uns z. B. die Samtfalterbalz. Die Werbehandlungen des Männchens machen das Weibchen paarungsbereit, und die Begattungsbewegungen beider passen ebensogut zusammen wie die beteiligten Organe. Jede Tierart hat hier andere Wege gefunden; aber immer klingt alles harmonisch zusammen, auch wenn das noch weit schwieriger ist als hier beschrieben — man denke nur an die Spinnen [20, 21, 25, 48, 122], Libellen [10], Schnecken [49, 92, 151], Tintenfische [154] und Molche [105, 122 a, 173]. Aber schon die einfachste Form gemeinsamen Handelns stellt uns viele ungelöste Fragen. Wer immer eine Stunde opfert, um z. B. eine fütternde Am-

Abb. 13. Amsel beim Füttern ihrer sperrenden Jungen

sel zu beobachten, kann sich davon überzeugen. Solange die Eltern unterwegs sind, liegen die Jungen ruhig im Nest. Aber sobald ein Alter auf dem Nestrand landet, fahren alle Hälse hoch: die Jungen

„sperren" (Abb. 13). Darauf beugt sich der Elter herab und stopft einem der Kleinen Futter in den Rachen. Das Junge verschluckt den Brocken und kuschelt sich wieder ein. Aber damit ist es noch nicht zu Ende. Meist wartet der Altvogel und sieht mit gespannter Aufmerksamkeit ins Nest. Bald sehen wir Bewegung im Kreis der Jungen. Eines oder zwei von ihnen wackeln mit ihren Hinterteilen. Ein Federkränzchen um die Kloake breitet sich auffällig aus, und plötzlich kommt ein sauberes weißes Päckchen mit allerdings weit weniger appetitlichem Inhalt zum Vorschein. Der Alte nimmt es auf und verschluckt es, oder er trägt es weg und läßt es irgendwo abseits fallen. So haben sie das sanitäre Problem gut gelöst. [20] Das Junge bietet flink und geschickt seine Gabe dar; der Elter, der darauf gewartet hatte, nimmt sie ebenso geschickt entgegen und beseitigt den Schaden.

Maulbrütende Fische und ihre Brut sind ebenso gut aufeinander eingestellt. Das Weibchen des großen Cichliden *Tilapia natalensis* z. B. nimmt die Eier in seinen Mund, unmittelbar nachdem das Männchen sie besamt hat. Die Jungen schlüpfen noch in der Mundhöhle, aber nach ein paar Tagen schwärmen sie aus, bleiben jedoch in der Nähe. Bei Gefahr schwimmen sie zur Mutter zurück (Abb. 14); die nimmt sie auf und verwahrt sie, bis die Gefahr vorüber ist.

Abb. 14. Jungfischchen des Maulbrüters *Tilapia natalensis*, zur Mutter schwimmend

Natürlich könnten wir viele solche kurze Beschreibungen sammeln, die jede etwas Neues lehren würde. Die Vielfalt der Erscheinungen im Tierreich ist zu groß, als daß dies Büchlein ihr auch nur andeutungsweise gerecht werden könnte.

Insgesamt lassen sich die Formen sozialen Zusammenhalts vier Obertiteln unterordnen; für jeden von ihnen geben die hier behandelten Tierarten ein oder mehrere Beispiele.

Erstens: Männchen und Weibchen suchen einander zur Paarung auf. Ihr gemeinsames Handeln gewährleistet arterhaltende Fortpflanzung, die ohne solches Zusammenstimmen nicht möglich wäre. Meist sind beide Geschlechter aktiv, die Männchen gewöhnlich stärker als die Weibchen.

2*

Zweitens: Beide Eltern oder einer von ihnen behüten oder pflegen die Jungen, solange sie dessen bedürfen. Hier ist die Beziehung, was den Erfolg angeht, einseitig. Die Eltern „helfen" den Jungen, aber die Jungen helfen den Eltern nicht. Dennoch unterstützen sie einander, wie man auf den ersten Blick meint und durch Analyse bestätigt findet; denn ebenso wie das Handeln der Eltern bei ihnen die passenden Antworten hervorruft, lösen auch die Jungen das rechte Verhalten der Eltern aus.

[21] Drittens leben viele Arten über den Familienverband hinaus im Gruppenverband. Da in der Gruppe sich vieles ebenso abspielt wie in der Familie — ja bei manchen Arten dürfte das Gruppenverhalten geradezu ein erweitertes Familienverhalten sein —, werden hier die Organisation der Familie und der Gruppen gemeinsam behandelt.

Viertens können Tiere miteinander kämpfen. Auf den ersten Blick ist Kampf das Gegenteil von Zusammenarbeit. Aber wie ich zu zeigen hoffe, ist Kampf zwischen Artgenossen zwar nicht für diese, wohl aber für die Art von hohem Nutzen, so widersinnig das auch klingen mag. Die Gefahren für den einzelnen sind nicht im Wesen, nur dem Grade nach verschieden von den Gefahren, die er bei der Paarung und bei der Brutpflege auf sich nimmt. Trotzdem nützen natürlich Paarung und Brutpflege den Nachkommen und durch sie der Art, was beim Kämpfen nicht ohne weiteres einleuchtet. Wir werden im vierten Kapitel sehen, welchen Zweck es hat, und deshalb werden wir auch diese Art gemeinsamen Tuns behandeln müssen.

Die folgenden Kapitel sollen zeigen, auf wie mannigfache Weise verschiedene Tierarten diese vier Gemeinschaftsformen verwirklichen. Wir ordnen sie nach den Zwecken, denen sie dienen, nicht nach den Mechanismen, die ihren sinnvollen Ablauf steuern.

II

PAARUNGSVERHALTEN

Die Aufgaben des Paarungsverhaltens

[22] Viele Arten, vor allem von Wassertieren, sichern die Besamung der Eizellen auf so einfache Weise, daß man von Paarungsverhalten kaum sprechen kann. Austern z. B. stoßen zu bestimmter Jahreszeit ihre Samenzellen in solchen Mengen aus, daß jedes Tier von einer Spermawolke umgeben ist. Da kann es kaum ausbleiben, daß die Eizellen besamt werden. Aber auch hier ist eine Verhaltensweise für den Erfolg bedeutsam: daß sie Eizellen und Samenfäden gleichzeitig ablegen. Ohne diese Synchronisation, dieses Sichangleichen der Rhythmen wäre keine Befruchtung möglich. Wie ich zu zeigen hoffe, gilt dasselbe für Landtiere.

Bei vielen höheren Tieren, vor allem Landbewohnern, ist Befruchtung nur möglich, wenn sie sich begatten. Das erfordert nicht nur gleichgestellte Uhren, sondern körperliche Berührung, etwas, was die meisten Tiere tunlichst vermeiden, schon weil sie das vor ihren Feinden schützt. Berührtwerden bedeutet fast immer Gefangensein. Auch sind sie, vor allem die Weibchen, während der Begattung gefährdet und wehrlos. Deshalb muß bei solchen Arten zunächst der Fluchttrieb unterdrückt werden. Da das Weibchen die Eier trägt, bei den Lebendiggebärenden auch noch nach der Paarung, und da es gewöhnlich mehr als das Männchen die Brut betreut, ist es die wertvollere Hälfte des Artkapitals. Auch weil ein Männchen meist mehrere Weibchen begatten kann, ist das weibliche Geschlecht biologisch gesehen kostbarer. Darum ist es nicht überraschend, daß das Weibchen mehr Überredung braucht, und dies dürfte der Hauptgrund dafür sein, daß die Balz meistens Aufgabe des Männchens ist. Oft will auch das Männchen umworben sein; doch das hat einen anderen Grund. [23] Bei den meisten Arten sind sie in der Brunstzeit äußerst kampfeswütig; dann müssen die Weibchen sie besänftigen, wenn sie nicht weggebissen, sondern umworben werden wollen.

Außer der zeitlichen Gleichschaltung bedarf es des räumlichen Beieinanders. Die Geschlechter müssen sich finden, bei der Begattung ihre Geschlechtsorgane richtig zusammenfügen, und endlich muß die Samenzelle die Eizelle finden. Auch all diese Orientierung gehört zum Brunstverhalten.

Ein weiteres Ziel ist es endlich, Artkreuzungen zu verhindern. Weil jede Art ein anderes Erbgut hat, kommen bei Artkreuzungen sehr verschiedene Gene zusammen; und da die Gene die Entwicklung steuern, wird das äußerst fein abgestufte Gleichgewicht der elterlichen Gene nur allzu leicht gestört. Oft können sich artfremd besamte Eier nicht entwickeln und sterben sehr früh; passen die Erbanlagen besser zusammen, so können lebende Bastarde heranwachsen, aber sie sind anfällig und meist unfruchtbar. Der Vorteil der Verpaarung von Artgleichen hat zur stammesgeschichtlichen Entwicklung artspezifischer Balzweisen geführt, so daß jeder seine Artgenossen leicht als solche „erkennen" kann.

Das Paarungsverhalten muß also folgende Aufgaben erfüllen: Synchronisation, Werbung, Orientierung und Befruchtung innerhalb der eigenen Art.

Wie werden diese Aufgaben gelöst? Welchen Anteil hat daran das soziale Verhalten, und wie erreicht es diese Leistung? Um es gleich vorweg zu sagen, die Antwort wird sehr lückenhaft ausfallen; über jeden dieser Punkte wissen wir ein wenig, aber von einer Art dieses, jenes von einer anderen, und von keiner alles. So kann ich nur an ein paar Beispielen zeigen, daß diese Ziele auf verschiedenen Wegen erreicht werden. Es bedarf noch vieler weiterer Forschung, ehe sich sagen läßt, ob und bis zu welchem Grade wir das, was heute bekannt ist, verallgemeinern dürfen.

Eines scheint heute schon klar zu sein: alles hierhergehörige Verhalten steht, psychologisch gesehen, auf vergleichsweise niedriger Stufe [24] und erfordert weder Voraussicht der Ziele, noch überlegt zielstrebiges Handeln. Wie wir sehen werden, besteht das Sexualverhalten bei allen Tieren, außer dem Menschen und vielleicht manchen Affenarten, aus unmittelbarem Reagieren auf innere und äußere Reize. Ganz gewiß denkt kein Tier, wenn es sich paart, an die Folgen seines Tuns, so wie es, auf eine bis heute völlig rätselhafte Weise, dem Menschen möglich ist.

Beispiele für Synchronisierung

Die Laichzeit der Austern wird, wie sich kürzlich zeigte[77], durch einen ziemlich unerwarteten Außenfaktor bestimmt und ist daher streng genommen kein soziologisches Problem: Aber wir behandeln es hier doch als Beispiel dafür, wie Außenfaktoren nicht selten soziales aufeinander Abgestimmtsein vortäuschen.

Etwa acht Tage, nachdem die Austern abgelaicht haben, schwärmen die Larven aus. Sie schwimmen nur kurze Zeit und setzen sich bald auf einer harten Unterlage fest. In der schlickigen Scheldemündung (Holland) vergrößern Austernzüchter ihren Bestand durch Auslegen von Dachpfannen. Das darf man nicht zu früh tun, damit kein anderer Bewuchs den Austernlarven zuvorkommt. Daher beauftrage man einen Zoologen zu untersuchen, ob sich der Zeitpunkt des Ausschwärmens voraussagen lasse. Das Ergebnis vieljähriger Arbeit klingt recht unwahrscheinlich, trifft aber genau zu: „Der Gipfelwert des Schwärmens ist alljährlich zwischen dem 26. Juni und 10. Juli zu erwarten, und zwar etwa zehn Tage nach Voll- oder Neumond" (Abb. 15). Da die Larven mit etwa acht Tagen schwärmen, müssen die Eier zwei Tage nach Voll- oder Neumond abgelegt werden.

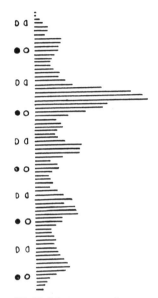

Abb. 15. Schwärmen von Austernlarven an 74 aufeinanderfolgenden Tagen im Juni bis August, und Mondphasen (nach KORRINGA 1947)

So verstehen wir, welcher Außenfaktor den Tag des Laichens bestimmt: die Gezeiten. Abgelaicht wird bei Springflut. Wie sie die Austern beeinflußt, das ist noch unbekannt; es könnte mit dem Wasserdruck zusammenhängen, der bei Springflut am stärksten schwankt. Dasselbe gilt für das Licht, das dann bis zum Grunde vordringt.

[25] Da die Austern nicht bei jeder Springflut laichen, muß noch ein zweiter Faktor sie bereit machen, gerade im Juni auf die Springfluten zu reagieren. Er arbeitet ungenauer als die Gezeiten; wenn auch der Höchstwert des Laichens zwischen dem 18. Juni und 2. Juli liegt, so zeigen sich doch kleinere Gipfel bei der voraufgehenden und

nächstfolgenden Springflut. Die Natur dieses Faktors bei der Auster
ist nicht bekannt, aber bei anderen Tieren wissen wir etwas davon.

Außer der Auster laichen noch andere Meerestiere abhängig von
den Gezeiten, vor allem Würmer, darunter der viel erwähnte Pa-
lolo, einige Weichtiere und Stachelhäuter.

Die höheren Tiere synchronisieren ihr Verhalten auf noch verwickeltere Weise. Einiges weiß man von Fischen, Vögeln und Säugetieren der nördlichen Zone. Die meisten Arten pflanzen sich dort im
Frühling fort. Als erstes wandern sie zu den Brutgebieten, alle Artgenossen ungefähr gleichzeitig, wenn auch der Ankunftstag um
Wochen streut. Auch diese gröbste Zeitbestimmung regeln Außenfaktoren, vor allem das Längerwerden der Tage im ausgehenden
Winter [11], [112], [117], [127]. Man hat mehreren Säugetier-, Vogel- und Fischarten den Tag schrittweise künstlich verlängert; dann scheidet die Hypophyse, eine Inkretdrüse, die unter dem Zwischenhirn liegt, ein Hormon
ab, das seinerseits das Wachstum der Keimdrüsen fördert. Sogleich
beginnen diese Geschlechtshormone abzuscheiden, welche nun auf
dem Wege über das Zentralnervensystem [26] das Tier in Wander-
stimmung bringen. Oft wirkt auch das Ansteigen der Temperatur mit.

Wie gesagt, stimmt dieser Faktor nur grob ein. Im gleichen Gebiet antworten die einzelnen Individuen, manchmal z. B. auch die
beiden Glieder eines Paares, auf die gleiche Zunahme der Tages-
längen verschieden schnell. Ist z. B. bei Tauben und anderen Tierarten das Männchen schon weiter voran als das Weibchen, so kann
sein hartnäckiges Werben das Reifen des Weibchens beschleunigen.
Das war leicht nachzuweisen: zwei Tauben waren in nebeneinander
stehenden Käfigen isoliert, so daß sie sich sehen und berühren, aber
nicht paaren konnten. Als das Männchen lange genug gebalzt hatte,
legte sie endlich Eier ab [17], [18], was ein einsames Taubenweibchen
niemals tut; natürlich waren sie nicht besamt. Wenn in der Gefangenschaft Männchen fehlen, können zwei Weibchen ein Paar bilden;
dann verhält sich eines von ihnen in allen Stücken wie ein Männchen, und auch wenn sie anfangs verschieden reif gewesen sein mögen,
so legen doch beide gleichzeitig Eier. Irgendwie muß ihr beiderseitiges Geschlechtsverhalten ihre Rhythmen einander angeglichen
haben, so daß nicht nur ihre Begattungen völlig normal aussahen,
sondern sich auch ihre Eier in den Ovarien genau gleichzeitig entwickelten.

Vielleicht wird sich Ähnliches auch bei anderen Arten feststellen lassen. DARLING [23] vertritt die Ansicht, das enge Beieinander vieler balzender Paare in der Brutkolonie wirke nicht nur ansteckend, sondern auch synchronisierend.

Aber es muß noch eine letzte Feineinstellung hinzukommen. Überall wo es eine Begattung gibt und vielfach auch wo sie fehlt, müssen Mann und Weib ihr Verhalten haargenau synchronisieren, damit die Eier befruchtet werden. Vergewaltigung gibt es nur bei ganz wenigen Arten. Bei vielen anderen muß die Sexualerregung beider Partner auf

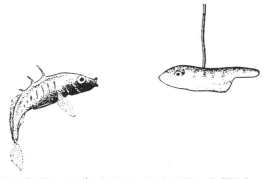

Abb. 16. Stichlingsmännchen balzt eine rohe Nachbildung des Weibchens an

Sekundenbruchteile genau gleichzeitig ihren Gipfel erreichen. In welcher Weise das ein System von Auslösern bewirkt, will ich am Stichling zeigen. Im Schema seines Balzverhaltens (S. 10) bedeuten die Pfeile nicht nur zeitliche, sondern auch ursächliche Aufeinanderfolge: jede Reaktion des einen Partners wirkt als Schlüsselreiz, [27] der beim anderen die nächste Reaktion auslöst. Der Zickzacktanz des Männchens veranlaßt das Weibchen heranzuschwimmen. Ihre Annäherung treibt ihn, sie zum Nest zu führen. Das aber regt sie an, ihm zu folgen, und so fort. All dies läßt sich durch Attrappenversuche beweisen. Zeigt man dem Männchen in seinem Revier eine noch so rohe, aber dickbäuchige Attrappe des laichbereiten Weibchens (Abb. 16), so kommt er hinzu und tanzt im Zickzack. Sowie man ihm das Weibchenmodell zudreht und es auf ihn zu- „schwimmen" läßt, macht er kehrt und führt es zum Nest.

Ebenso kann man paarungswillige Weibchen mit einem Männchenmodell führen. Es braucht gar nicht stichlingsähnlich zu sein, doch einen roten Bauch muß es haben, und vielleicht auch ein schönes blaues Auge dazu; aber noch mehr Einzelheiten sind überflüssig. Läßt man solch eine Attrappe im Zickzack tanzen, so kehrt sich das Weibchen ihr zu und kommt näher heran. Lassen wir dann das Modell wegschwimmen, so folgt es ihm und läßt sich führen, z. B. irgendwohin auf den Aquariumsboden; ja man kann es dazu bringen, in ein nicht vorhandenes Nest hineinzuschwimmen, indem man das Modell „den Eingang zeigen" läßt (Abb. 17).

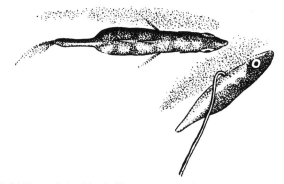

Abb. 17. Stichlingsweibchen folgt der Männchenattrappe, die ihm „den Nesteingang zeigt" (vgl. Abb. 24); Aufsicht

Hier reagiert der Fisch nicht nur auf die Bewegungen des Partners, sondern auch auf gewisse Farb- und Formmerkmale. Ohne dicken Bauch löst keine sonst noch so täuschend nachgebildete Weibchenattrappe [28] den Zickzacktanz des Männchens aus. Und die Männchenattrappe muß, wenn sie beim Weibchen Erfolg haben soll, unbedingt unterseits rot sein. Alle anderen Körpermerkmale sind so unwesentlich, daß die dickbäuchige, sonst noch so ungestaltete Attrappe beim Männchen mehr Wirkung tut als ein lebendiges, aber nicht laichbereites Weibchen von normalem Umfang. Aber für die zeitliche Gleichschaltung der Partner sind der dicke Bauch und die rote Unterseite, die ja ständig gezeigt werden, nicht verantwortlich, sondern vielmehr ihre Bewegungen, die plötzlich einsetzen und augenblicklich Antworten hervorrufen.

Im Fortpflanzungsverhalten des Stichlings greifen also die Handlungen beider Partner in strenger Folge dicht ineinander — mit dem Ergebnis, daß das Männchen die Eier besamt, unmittelbar nachdem das Weibchen sie abgelegt hat. Es ist gar nicht schwer, das alles zu beobachten und die hier beschriebenen Modellversuche nachzumachen. Der dreistachlige Stichling läßt sich in einem etwa 25 Liter fassenden Aquarium mit Sand auf dem Boden und viel Pflanzen leicht züchten. Als Nistmaterial gibt man ihm grüne Fadenalgen.

Viele Tierarten haben solche Balzriten, die alle dazu dienen, das Ansteigen der geschlechtlichen Erregung beider Partner aufs feinste zu synchronisieren.

Werben und Beschwichtigen

[29] Auch in voller Fortpflanzungsstimmung spricht ein Tier nicht immer sogleich auf das Werben des Partners an. Es kann sehr lange dauern, bis ein Weibchen aufhört spröde zu sein; das Stichlingsweibchen z. B. schwimmt keineswegs immer sogleich dem zickzacktanzenden Männchen nach.

Manchmal nähert sie sich nur zögernd und folgt nicht, wenn er sie zum Nest führen möchte. Dann kommt er zurück und wiederholt den Zickzacktanz. So kann es lange weitergehen, bis sie endlich nachgibt, ihm folgt und in sein Nest schwimmt. Aber auch dann müssen sich

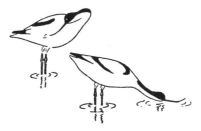

Abb. 18. Paarungsvorspiel des Säbelschnäblers (nach MAKKING 1936)

weitere Signale in ähnlicher Weise bis zum Erfolg wiederholen. Der langanhaltende Schnauzentriller des Männchens löst beim Weibchen das Ablaichen aus. Nimmt man das Männchen weg, wenn das Weibchen eben ins Nest geschwommen ist, so wird sie ihre Eier nicht los. Betrillert man aber ihre Schwanzwurzel mit einem Glasstab ungefähr so, wie das Männchen es tut, so laicht sie völlig normal ab. Sowohl das Männchen wie der Glasstab müssen oftmals zustoßen.

Solch ein Wiederholen der Schlüsselreize ist bei vielen Arten die Regel. Die beiden Säbelschnäbler [104] z. B. stehen zuerst eine Weile beieinander und putzen „nervös" und hastig ihr Gefieder. Dann beugt sich schließlich das Weibchen abwärts vor (Abb. 18) und zeigt

Abb. 19. Paarungsvorspiel der Silbermöwe (nach TINBERGEN 1940)

dadurch dem Männchen an, daß es paarungsbereit ist; nur daraufhin steigt er zur Paarung auf, manchmal erst nach einiger Zeit.

Ein ähnliches Vorspiel haben die Silbermöwen. Beide pendeln mit den Köpfen auf und ab (Abb. 19), und im gleichen Rhythmus rufen

Abb. 20. Bitterlingsmännchen balzt das ablaichende Weibchen an (nach BOESEMAN und Mitarbeitern 1938)

sie leise und melodisch. Hier ist das Männchen [30] der aktive Teil. Wenn beide oft genug ihre Köpfe hochgeworfen haben, springt er plötzlich auf und begattet das Weibchen.

Manchmal muß die Balz noch etwas anderes leisten. Bei vielen Vögeln, ebenso auch bei anderen Tieren, sind die Männchen im Frühling äußerst kampflustig; denn es gilt, Rivalen vom Brut- revier fernzuhalten. Dieser Kampf ist unentbehrlich. Aber um nicht ebenfalls angegriffen zu werden, muß sich das Weibchen von dem Männchen unterscheiden. Dazu helfen z. B. beim Buchfink, dem Rot- schwänzchen und vielen Fasanen die verschiedenen Kleider. Aber bei all den Arten mit beinahe oder ganz gleichem Kleide in beiden Ge- schlechtern, z. B. beim Zaunkönig, muß das Weibchen durch beson- deres Verhalten die Angriffslust des Männchens unterdrücken. Durch seine „Balz" vermeidet das Weibchen, das Männchen zum Angriff herauszufordern. Ein fremdes Männchen flieht vor dem drohenden Revierinhaber und löst dadurch sofort Verfolgung aus, oder es imponiert und droht ebenfalls, was den Verteidiger zum Kampf reizt; ein Weibchen tut keines von beiden. Der Bitterling greift das Weibchen zuerst an [8]. Daraufhin weicht sie entweder ganz ruhig aus, oder sie entzieht sich dem Angriff, indem sie unter das Männchen schwimmt. Das scheint dann unfähig anzugreifen und versucht es nach einer Weile auch nicht mehr, sondern beginnt zu balzen (Abb. 20). Ähnlich sanft beschwichtigende Riten haben viele Cichliden [5]. Bei anderen Arten zeigt das Weibchen kindliches Verhalten, fällt also auf das Betteln der Jungen zurück, worauf wahrscheinlich der Pflegetrieb des Männchens anspricht. Deshalb füttern bei so vielen Arten die Männchen in der Balz ihre Weibchen. Das gilt, wie wir schon sahen, auch für die Silbermöwe. Bei noch anderen Arten weicht das Beschwichtigungsverhalten während der Balz auch von dem der Jungen ab. Dann zeigt das Weibchen, bei manchen Arten zugleich auch das Männchen, ein Verhalten, [31] das in vielem das Gegenteil des Drohens ist. Wenn sich z. B. Lachmöwen zur Balzzeit begegnen, so „drohen sie vorwärts", d. h. sie werden ganz flach, senken den Kopf und zeigen mit ihren Schnäbeln aufeinander (Tafel 2, bei S. 32, oben). Die braune Kopfmaske, die den Schnabel, d. h. die Angriffswaffe rundherum einrahmt, verstärkt die optische Wirkung dieser Drohgebärde. Ehepaare dagegen zeigen ihre freundlichen Absichten, indem sie „wegsehen" (Tafel 2, unten). Sie strecken den Hals senkrecht aufwärts; dann werfen sie plötzlich den Kopf zur Seite [172], d. h. sie wenden die Angriffswaffe weg, unserem „Hände hoch" vergleichbar. Da hier beide Geschlechter ziemlich streitsüchtig sind, beschwichtigt nicht nur sie ihn, sondern zugleich er sie.

Bei einigen Netzspinnen kommt das Männchen in das Netz des Weibchens, das ja zum Beutefang dient. Hier muß er sie besänftigen, um nicht aufgefressen zu werden.

Orientierung

[32] Eine weitere wichtige Funktion der Balz ist es, die Partner zusammenzuführen, dafür zu sorgen, daß sie einander anziehen. Wie schon erwähnt, kehren die Nachtigallenmännchen aus ihrem Winterquartier im fernen Süden lange vor den Weibchen zurück. Wie finden die Weibchen ihren Partner? Sie gehen dem Gesang nach. Viele Vögel

locken so das andere Geschlecht mit lautem Schall an. Bei der Nachtigall finden wir ihn schön und nennen ihn Gesang. Aber der Frühlingsruf des Fischreihers, ein rauher Schrei, gefällt uns nicht, sehr dagegen dem Fischreiherweibchen, und so leistet er genau dasselbe wie der Gesang der Nachtigall. Das Trillern des Ziegenmelkers, das Trommeln

des Spechtes und das Gequake der Kröten [29] (Tafel 3, bei S. 48, unten) gehören in dieselbe Klasse. So genau ist der Gesang vieler Vogelarten auf seine Leistung abgestimmt, daß das Männchen nur so lange mit voller Lautstärke ruft, wie es noch ledig ist, aber gleich verstummt, wenn ein Weibchen ankommt. Auch dafür ist das Gegeneinander ver-

Abb. 21. Großes Nachtpfauenauge. Die Riechorgane auf den Fühlern sind beim Männchen besonders stark entwickelt

schiedener Zwecke verantwortlich. Der Gesang nützt der Art dadurch, daß er Weibchen ins Revier lockt und, wie wir noch sehen werden, fremde Männchen fernhält oder vertreibt; aber er gefährdet den Sänger, da auch die Raubfeinde ihn hören. Wie immer hat die Natur einen Ausgleich geschaffen: Das Singen währt nur, solange es nützlich ist oder wenigstens die Vorteile die Nachteile überwiegen.

Da die Mehrzahl der Tiere taub ist — von den Wirbellosen hören, soweit wir wissen, nur wenige — sind Lautnachrichten auf verhältnismäßig wenige Gruppen beschränkt. Wohl entwickelt ist das Gehör bei Vögeln, Fröschen und Kröten, Heuschrecken, Grillen und noch ein paar Insekten; sie alle haben Organe entwickelt, die ausschließlich der Lauterzeugung dienen.

In anderen Gruppen dienen Düfte als Lockmittel. Die auffälligsten Beispiele finden sich bei Schmetterlingen. Die Weibchen der Psychiden [106, 107] sind nahezu flügellos und flugunfähig. Das frisch geschlüpfte Weibchen verläßt die Wohnröhre, in der es als Raupe gelebt und sich verpuppt hat. Aber es entfernt sich nicht von der Röhre, [33] sondern bleibt darunter hängen. Die Männchen können

Abb. 22. Kiebitz im Wuchtelflug

fliegen. Kurz nachdem sie geschlüpft sind, verlassen sie ihr Haus und fliegen davon, ein Weibchen zu suchen. Dabei leitet sie der Duft jungfräulicher Weibchen. Auch andere Arten, wie das Große Nacht-pfauenauge und Glucken, verfügen über dieses Lockmittel. Oft können Männchen ein Weibchen auf große Entfernung finden, da sie auf den gefiederten Antennen höchstempfindliche Riechorgane haben (Abb. 21). Es ist nicht schwer, sich davon zu überzeugen; man

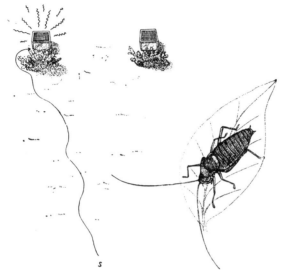

Abb. 23. Nachweis der Bedeutung des Gesanges bei der Laubheuschrecke *Ephippiger* (nach DUYM und van OYEN 1948)

sammelt Raupen, füttert sie, bis sie sich verpuppen, und stellt frisch-geschlüpfte Weibchen unter einer Drahtglocke ins Zimmer; dann fliegen die zugehörigen Männchen zum Fenster herein.

Oft sind die Männchen während der Balz besonders schön anzu-sehen, z. B. der dreistachlige Stichling. Wenn das Nest fertig ist, erreicht das Prachtkleid des Männchens seinen höchsten Glanz. Das Rot der Unterseite leuchtet wie nie zuvor, der während des Nest-baues dunkle Rücken schillert bläulichweiß. Zugleich mit dem Kleide wechselt das Verhalten. Während des Bauens schwamm der un-scheinbare Geselle träge umher und vermied jede plötzliche Bewe-gung; jetzt schießt er in seiner höchst auffälligen Tracht nur so in seinem Revier hin und her, der reine Augenfang.

Viele Vögel, besonders solche der weiten offenen Ebene, [34] z. B. die Watvögel der arktischen Tundra und viele heimische Sumpfvögel, locken mit Seh- und Hörreizen zugleich. Auch sie tun sich oft durch auffällige Farben und Bewegungen zugleich hervor. Der Kiebitz (Abb. 22), die schwarzschwänzige Uferschnepfe, der Alpenstrandläufer und Verwandte sind gute Beispiele. Andere haben nur artbesondere Bewegungen entwickelt und auf unterstützende Farbwirkungen verzichtet; hierher gehören z. B. als Bodenbrüter gefährdete Singvögel wie Pieper und Lerchen. Auch Farbspezialisten gibt es: der Kampfläufer hat keinen besonderen Singflug, sondern verläßt sich allein auf seine prachtvollen Farben. Aber er hat eine andere auffällige Bewegung entwickelt; hie und da heben die Männchen auf dem gemeinsamen Balzplatz die Flügel, so daß deren weiße Unterseite weithin leuchtet (Tafel 4, bei S. 64, oben). Das tun sie besonders dann, wenn in der Ferne Weibchen vorbeifliegen, und es scheint diese auch wirklich anzulocken. Und wie ein dichtbepflanztes Blumenbeet vor allem von ferne viel prächtiger wirkt als einzelne Blumen derselben Art, so summieren die dicht beisammen stehenden, gleichzeitig paradierenden Männchen ihre Farbeffekte.

Experimentell bewiesen ist die Lockwirkung all dieser Schlüsselreize erst in wenigen Fällen. Daß der rote Bauch des Stichlingsmännchens Weibchen anlockt, das lehrten die Attrappenversuche: Modelle ohne Rot waren wirkungslos. Den Einfluß des Gesanges hat man bei Heuschrecken sicher nachgewiesen (Abb. 23). Ein Käfig mit singenden Männchen war gut im Heidekraut versteckt, der nächste enthielt ebensoviele stumme Männchen mit verklebten Stimmorganen. Nach solch einem unbedenklichen Eingriff verhält sich diese flügellose Art in allen anderen Dingen völlig normal. Auf 9 m Abstand setzte man paarungswillige Weibchen aus. Sie gingen alle sehr bald zu dem Käfig mit den singenden Männchen [26, 123].

Solche Versuche bestätigen die hier vorgetragene Deutung, daß Männchen durch ihre Balzweisen Weibchen anlocken. Aber weitere Untersuchungen sind nötig.

Tafel 2
Vorwärtsdrohende Lachmöwe. „Wegsehende" Lachmöwe

Hat sich das Paar gefunden, so ist die Aufgabe erst halb gelöst. [35] Bei der Begattung sollen sich die Kopulationsorgane finden und recht ineinandergreifen. Das ist eine besonders schwierige Orientierungsaufgabe bei vielen Insekten, deren Männchen sehr komplizierte zangenartige Begattungsorgane haben, die in die ebenso verwickelt geformten weiblichen „Negative" eingepaßt werden müssen. Aber auch bei weniger „mechanisierten" Tieren, z. B. Vögeln, ist die Orientierungsleistung erheblich; das Männchen muß, um mit seiner Kloake die des Weibchens zu berühren, vorher sehr genau auf dessen richtende Reize reagieren. Wie diese so zuverlässigen Mechanismen arbeiten, darüber ist erst sehr wenig bekannt.

Artisolierende Wirkung des Paarungsverhaltens

[36] Artbastarde sind in freier Natur äußerst selten, und zwar keineswegs nur, weil die Arten verschiedene Wohngebiete bevorzugen. Gewiß werden nahe verwandte Arten, die in geographisch völlig getrennten Gebieten leben, und auch solche, die in verschiedenen Formationen derselben Gegend brüten — z. B. eine im Wald, die andere frei, oder eine am Boden, die andere in Bäumen —, durch die räumliche Schranke verhindert, sich zu paaren. Aber auch wo kein solches Hindernis besteht, verpaaren sich zwei bei- und durcheinander brütende Arten gewöhnlich nicht, und zwar weil die der Anlockung, Werbung, Beschwichtigung und Synchronisation dienenden Schlüsselreize beider Arten zu verschieden sind und ebenso auch die durch sie ausgelösten Reaktionen. Jedem Tier ist es ja angeboren, nur artgemäße Reize zu senden und solche Signale in arteigener Weise zu beantworten. Allerdings sieht man nicht selten auch in freier Natur Tiere auf andere Arten geschlechtlich ansprechen. Zum Beispiel folgen die Männchen des Samtfalters, den ich mehrere Jahre lang untersucht habe, den vorbeifliegenden Weibchen nach, aber ebensogut auch anderen Schmetterlingen, Käfern, Fliegen, kleinen Vögeln oder fallenden Blättern; ja ihr eigener Schatten auf der Erde kann sie anlocken. Warum paaren sie sich mit nichts von alledem? Und ebenso muß man auf Grund ähnlicher Beobachtungen bei Vögeln, Fischen und vielen anderen Tieren fragen.

Die Antwort muß wohl lauten: Weil beim Sichverpaaren und in der Paarung die Verhaltensweisen wie Glieder einer Kette ineinandergreifen. Ein paarungswilliges Samtfalterweibchen antwortet auf den Anflug des Männchens, indem es landet. Die meisten andersartigen tun das Gegenteil: wenn ein Männchen sie verfolgt, fliehen sie, so schnell sie können; dann gibt dieses die Verfolgung auf. Nur nahverwandte Arten reagieren gelegentlich richtig (Tafel 3, bei S. 48, oben); aber auch das hat wohl nie zur Copula geführt. Ganz Ähnliches gilt für den Stichling. Das Männchen kann vor einer kleinen Schleie, die ihm ins Revier schwimmt, zickzacktanzen. Aber damit sein Paarungsverhalten weiterläuft, müßte ihm die Schleie entgegenschwimmen. Und selbst wenn sie das versehentlich einmal täte, müßte sie sich von ihm zum Nest führen lassen, hineinschwimmen und darin ablaichen; erst dadurch könnte sie beim Männchen die Spermaabgabe auslösen. [37] Mit anderen Worten, die Schleie müßte sämtliche Glieder der Verhaltenskette des Stichlingsmännchens, eins nach dem anderen, auf Stichlingsart beantworten, insbesondere den Schnauzentriller. Das ist so ganz und gar unwahrscheinlich, daß es niemals beobachtet wurde. Mag jeder einzelne Schlüsselreiz in der Handlungskette nicht spezifisch genug sein, um jegliche Antwort auf fremde Arten auszuschließen; die Aufeinanderfolge von vielen Reaktionen, deren jede passender Auslösung bedarf, ist als Ganzes genommen sicher eigen- und einzigartig genug, um jede Artkreuzung auszuschließen. Das zeigt sich besonders deutlich bei Arten, deren beide Geschlechter aktiv balzen. Aber auch wenn z. B. das Samtfalterweibchen einfach dasitzt, während das Männchen seine Handlungskette abbalzt, sendet es doch ständig Reize, so untätig es auch erscheint; das ist durch Versuche bewiesen. Und wie im ersten Kapitel beschrieben, löst jeder dieser Reize eine andere streng zugehörige Reaktion des Männchens aus, das sich sozusagen einen Reiz nach dem anderen in der passenden Reihenfolge abpflückt. Je mehr und je verschiedener sie sind, um so unwahrscheinlicher ist ihr Zusammentreffen auch bei anderen Arten.

Vor allem nahverwandte Arten bedürfen verschiedener Auslöser. Wie wir noch sehen werden, sind ihre Verhaltensweisen einander meist ebenso ähnlich wie ihre Baumerkmale. Sie haben einfach noch nicht Zeit gehabt, um sich weiter auseinander zu entwickeln. Aber gerade in irgendwelchen Teilen des Balzverhaltens pflegen sie sich klar zu unterscheiden, außer wenn räumliche, ökologische oder zeitliche Trennung — d. h. daß sie zu verschiedenen Zeiten balzen — ohnehin die Artkreuzung verhindern. So balzt der zehnstachlige Stichling sehr ähnlich wie der dreistachlige [143], aber das Männchen hat ein ganz anderes Hochzeitskleid entwickelt; der Zehnstachler ist im Frühling pechschwarz (Abb. 24). Ebenso wie die rote Farbe Dreistachlerweibchen anlockt, so sprechen die Zehnstachligen auf schwarz an. Wenige geringe Verhaltensunterschiede genügen, um artfremde Verpaarungen fast ausnahmslos zu verhindern.

Systematisch untersucht hat man die arttrennende Wirkung des Balzverhaltens nur bei Fruchtfliegen der Gattung *Drosophila* [145, 177]. Wie die bisher vorliegenden Befunde zeigen, brechen die Paarungsversuche, je nachdem welche Arten man zusammensetzt, bei verschiedenen Gliedern der Handlungskette ab. Wenn die Balz von Art A mit B stets an derselben Stelle abreißt, so liegt es sicher am Unvermögen des einen, [38] eine bestimmte Antwort des anderen auszulösen. Manchmal bleibt das Männchen dem artfremden Weibchen einen diesem unentbehrlichen Reiz schuldig, in anderen Fällen liegt der Fehler beim Weibchen.

Abb. 24. Männchen des zehnstachligen Stichlings (oben) zeigt einem Weibchen den Nesteingang (nach SEVENSTER 1949)

Zusammenfassung

Diese nur skizzenhafte Übersicht zeigt doch wohl zur Genüge, wie verwickelt die Handlungsketten sein können, deren Ineinandergreifen zweigeschlechtliche Fortpflanzung ermöglicht. Wie wir gesehen haben, erfüllt die Balz hier verschiedene Funktionen. Damit soll nicht gesagt sein, daß jede Teilhandlung der ganzen Balz nur einem der vier Zwecke diene. Der Zickzacktanz des Stichlingsmännchens z. B. stellt die Uhren beider Partner gleich, wirbt, richtet und trennt von fremden Arten; aber die verschiedenen Balztrachten, also das Rot des Dreistachlermännchens und das Schwarz des Zehnstachlers, dienen wohl allein der Isolation. Auch kennen wir Balzhandlungen, die nur synchronisieren und werben, ohne zu richten: So kann das Samtfalterweibchen der zeitlichen Gleichstellung und dem Werben eines Männchens erliegen und sich doch nicht von ihm, sondern von einem zweiten Männchen begatten lassen, weil es dem ersten nicht gelang, die Antwort des Weibchens auf sich zu richten. [39] Ähnlich liegt es bei den Tauben. Die unaufhörlichen Bücklinge und Ruck-ruhs des Taubers richten das Verhalten des Weibchens nicht, aber sie setzen die Entwicklung der Eier in der Gonade in Gang. Die sehr verschieden aussehenden, aber eng verwandten, von DARWIN beschriebenen „Finken" der Galapagos-Inseln balzen nahezu gleich [84], und doch kreuzen sie sich nicht miteinander. Sie bleiben getrennt, teils dank ökologischer Isolation, d. h. weil sie in verschiedener Umgebung nisten, teils weil sich nur solche mit gleichgeformten Schnäbeln heiraten; denn jede Art hat einen anderen Schnabel und sucht sich entsprechend andere Nahrung als die übrigen. Hier trägt also die Balz nichts zur Artentrennung bei; dafür erfüllt sie alle übrigen Funktionen.

Überall haben die Balzhandlungen, so Verschiedenes sie im Einzelfall leisten mögen, eines gemeinsam: sie senden Schlüsselreize aus, auf die der Geschlechtspartner antwortet. Die spätere Besprechung der Art und Leistung dieser Auslöser (Kap. V) wird zeigen, daß viele Verallgemeinerungen als vorläufig anzusehen sind und vor allem durch Attrappenversuche nachgeprüft werden müssen.

III

FAMILIE UND GRUPPE

Einleitung

[40] Im zweiten Kapitel wurden die Beziehungen zweier Partner besprochen, die zur Verwirklichung eines beiden gemeinsamer Zieles führen. In der Familie ist das Zusammenleben verwickelter, denn hier gibt es Beziehungen zwischen Vater und Mutter, zwischen beiden und den Kindern und zwischen den Kindern untereinander. So sind auch die Zwecke, denen die Handlungen dienen, erheblich vielfältiger. Die Eltern müssen für Obdach und Nahrung sorgen, dazu die Jungen gegen Feinde verteidigen. Die alles dieses leistenden Handlungen müssen zeitlich und räumlich gleich gut ausgerichtet sein. Andere Neigungen, die mit diesen Aufgaben unvereinbar wären, gilt es zu unterdrücken; denn bei vielen Arten senden die Jungen all die Reize aus, auf die der Freßtrieb der Eltern anspricht. Bei anderen tragen die Eltern alle Reize, die es braucht, um bei den Jungen Flucht auszulösen. Ferner muß Verpaarung mit Artfremden verhindert werden; auch dürfen die Eltern nicht auf artfremde Junge und die Jungen nicht auf artfremde Eltern reagieren, denn alles das würde die Lebensleistung mindern, und jede noch so kleine Minderung bedeutet Niederlage im Kampf ums Dasein. Weiter kommt als neue Aufgabe die Verteidigung der hilflosen Brut gegen Feinde hinzu. In der kinderlosen Ehe wird nur manchmal der Gatte schwach verteidigt.

Immerhin haben weder die Unterdrückung anderer Triebe noch das Sichfernhalten von anderen Arten so machtvolle Widerstände zu überwinden, wie sie im Paarungsverhalten bestehen; und das ist wahrscheinlich der Grund, warum ein gutes Familienleben nicht so kunstvolle Zeremonien erfordert wie die Balz. Da jeder Ritus bzw. jeder Schlüsselreiz den, der ihn zur Schau stellt, auffällig macht und somit gefährdet, durften sich solche Riten nur dort entwickeln, wo die Vorteile größer als die Nachteile sind; [41] mit anderen Worten, nur das unbedingt Notwendige hat sich entwickelt und erhalten. Dieses Urteil scheint schlecht zu dem Reichtum an auslösenden Reizen zu passen, über den viele Arten verfügen; aber der Zweifel schwindet, wenn man sich die Unentbehrlichkeit der Signalreize vergegenwärtigt. Wir neigen dazu, soziales Verhalten, z. B. die Pflege, die die Altvögel den Jungen angedeihen lassen, als etwas ganz Selbstverständliches anzusehen, aber nur, weil wir an das Alltägliche gewöhnt sind. Anstatt uns aufzuregen, wenn einmal schlechte Eltern ihre Jungen verlassen, sollten wir lieber all die Eltern bewundern, die es fertig bringen, ihre höchst schwierige und mühevolle Aufgabe zum guten Ende zu führen.

Wir betrachten zuerst den Aufbau der Familie, dann den der Gruppe, und in beiden Fällen die Art der Beziehungen, die ihm zugrunde liegen.

Das Familienleben

Findet eine Silbermöwe, die noch kein eigenes Gelege hat, in ihrem Revier ein Ei, so bebrütet sie es auch dann nicht, wenn es in ihrem eigenen Nest liegt; nicht etwa weil sie sähe, daß es nicht ihr Ei ist, denn das kann sie nicht von denen des Nachbarn unterscheiden; sondern weil sie noch nicht „brütig", noch nicht in Brutstimmung ist, mit anderen Worten, weil gewisse physiologische Voraussetzungen, ohne welche die brutauslösenden Reize unbeantwortet bleiben, noch nicht erfüllt sind. Außerhalb der Brutzeit ist das Ei für die Möwe nur Futter. Aber kurz vor der Eiablage gehen im Weibchen und ebenso im Männchen Veränderungen vor sich, die das Tier bereit machen, auf die Reizsituation „Eier im Nest" mit dem Brutverhalten zu antworten. Der wichtigste für die Umstimmung verantwortliche Faktor bei Tauben, Hühnern und höchst wahrscheinlich auch Möwen ist das Hypophysenhormon Prolaktin [124]. Aber es bestimmt Beginn und Dauer des Brütens nicht allein; denn Brüten im leeren Nest kommt zwar vor, aber es ist nicht die Regel und hält nie lange an. Nein, Eier müssen da sein; sie senden optische und Berührungsreize, die den brütigen Vogel veranlassen, auf dem Nest zu sitzen. Auch hier haben wir wieder ein zeitliches Einstimmen in Stufen vor uns: in erster roher Annäherung durch den Hormonspiegel, danach genauer durch Außenreize, die sofort und auf der Stelle beantwortet werden.

Das Schlüpfen der Kücken stimmt die Eltern nochmals um. Neue Verhaltensweisen, wie das Jungefüttern und -führen, werden wach. [42] Jede Art hält es anders; wollten wir versuchen, die ungezählten Formen elterlichen Verhaltens ordnend zu überblicken, so würden wir den Rahmen dieses Buches sprengen und zugleich gewahr werden, von wie wenigen Arten wir erst einigermaßen Genaues wissen und wieviel lohnende Arbeit, schon an bloßer Beschreibung, hier noch zu tun ist.

Auch der Übergang vom Brüten zur Jungenpflege ist zeitlich durch Innenfaktoren roh vorbestimmt und wird dann durch Außenreize genau geregelt. Zum Beispiel nimmt ein Vogel, der eben fest zu brüten

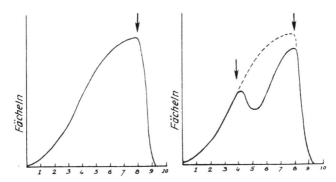

Abb. 25. Links: Zeit, die das Stichlingsmännchen in den ersten 10 Tagen nach dem Ablaichen fächelt. Beim Pfeil schlüpfen die Jungen. Rechts: dasselbe, als die Brut am 4. Tage (linker Pfeil) durch soeben schlüpfende Junge ersetzt wurde. Der rechte Pfeil zeigt einen „autonomen" Gipfelwert des Fächelns an, den das Ersatzgelege nicht ausgelöst haben kann

begonnen hat, ein gepicktes Ei oder das frischgeschlüpfte Junge nicht leicht an, sehr gut aber gegen Ende der Brutzeit, auch wenn man es ihm einige Tage früher anträgt, als seine eigenen Jungen geschlüpft wären. Im Verlauf der Brut wird der Vogel also innerlich auf die nächste Verhaltensphase vorbereitet. Die Physiologie dieses Stimmungswechsels ist unbekannt. Sicher wird auch weiterhin Prolaktin gebraucht, aber es muß noch irgend etwas hinzukommen.

Für die notwendigen Außenreize sorgen die Jungen. Bei manchen Vogelarten tun sie das offenbar schon im Ei [163]. Sehr wahrscheinlich sprechen die Eltern auf die Rufe der noch nicht geschlüpften Kinder an.

Tauscht man dem brutpflegenden Stichlingsmännchen [63a] die Eier gegen ältere aus, [43] so nimmt er die vorzeitig erscheinenden Jungfischchen an; er hütet sie und läßt plötzlich zu fächeln nach, sobald seine Adoptivkinder schlüpfen. Aber er hört nicht ganz auf, ja er fächelt bald wieder stärker und erreicht einen zweiten, niedrigeren Gipfelwert (Abb. 25) zu der Zeit, zu welcher sein eigenes Gelege geschlüpft wäre, wenn man es ihm gelassen hätte. Dieser zweite

Anstieg muß allein durch Innenfaktoren hervorgerufen worden sein; er zeigt, wie genau der Vater, unabhängig von Außenreizen, auf neun Tage Eientwicklung eingestellt ist.

Wenn die Eltern nun zur Jungenpflege gestimmt sind, hängt der zeitliche Ablauf z. B. des Fütterns von den Kindern ab. Wieder sind am besten Vögel untersucht. Bei Singvögeln müssen die Jungen

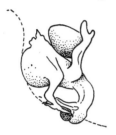

sperren, wenn die Eltern sie füttern sollen. Sperren sie nicht, so kann der Alte sie nicht füttern. Er sitzt mit dem Futter im Schnabel vor ihnen und sieht sie an, dann schaut er „hilflos" in die Runde und weiß nicht weiter. Manchmal berührt er sie mit dem Schnabel oder ruft leise; aber wenn sie auch dann noch nicht sperren, schluckt er meist das Futter selbst herunter. Einen höchst eindrücklichen

Abb. 26. Kuckucksjunges beim Hinausstemmen eines Eies seiner Pflegeeltern (nach O. und M. HEINROTH 1928

Naturversuch führt uns der Kuckuck vor. Hat er sein Ei einem Gartenrotschwanz ins Nest gelegt, so schlüpft das Junge gewöhnlich vor denen der Pflegeeltern. Bald danach geht der kleine Kuckuck daran, die anderen Eier (Abb. 26) oder Jungen hinauszuwerfen. Er nimmt das Ding auf den Rücken, kriecht rückwärts und stößt es auf den Nestrand [60]. Auch wenn solch ein unglückliches Junges nicht hinabfällt, sondern oben liegen bleibt, so erfriert oder verhungert es. Die Eltern kommen nicht darauf, es ins Nest zurückzuholen oder es dort, wo es ist, zu wärmen und zu füttern. Es ist zu schwach, um zu sperren, aber das Kuckucksjunge sperrt unübertrefflich; deshalb beachten die Eltern ihre eigenen Kinder überhaupt nicht und füttern den Wechselbalg. Bei mehreren Raubvogelarten hat man festgestellt, daß die Reihenfolge, in der die Jungen gefüttert werden, nur von ihrem Betteln abhängt [139]. [44] Wer am stärksten bettelt, bekommt das Futter. Gewöhnlich erhält auf diese Art jeder sein Teil, denn sie betteln so stark, wie sie hungrig sind. Aber wenn eines von Anfang an schwächer ist als die anderen, z. B. das Nesthäkchen bei den Weihen oder manchen Eulen, dann bekommt es zu wenig, bettelt immer schwächer, und nicht selten verhungert es.

Aber nicht nur die Eltern antworten den Kindern; die Jungen antworten auch den Eltern, indem sie zur rechten Zeit betteln. Nun ist jedes auffällige Verhalten gefährlich; zudem ist ständiges Betteln ein Luxus, den sich nur wenige Arten erlauben können [159], z. B. rufen

Jungspechte in ihrer Höhle ununterbrochen. Aber auch dort kann das Betteln verderblich werden. Der Steinkauz plündert Höhlenbrüternester wie die des Stares, und ich habe selbst zugesehen, als ein Habicht ein lautes Schwarzspechtjunges nach dem anderen aus der Höhle fischte. Bei vielen Arten dagegen ist das Betteln auf die kurzen Zeiten beschränkt, wenn ein Altvogel mit Futter am Nest ist; denn die Jungen antworten auf Reize, die von den Eltern ausgehen. Junge Singdrosseln und Amseln sperren, wenn das Nest unter dem landenden Altvogel leicht zittert. Später, nachdem sich ihre Augen geöffnet haben, reagieren sie auf Sehreize. Manche Bruten beginnen auch ungefähr nach einer Woche den Ruf der Eltern zu beachten. Das Silbermöwenkücken bettelt auf das „Miau“ des Altvogels hin, läuft ihm entgegen und pickt nach seiner Schnabelspitze, wo es nach ein paar Versagern den dargebotenen Futterbrocken schließlich erwischt und verschluckt. Nach ein paar Tagen haben die Jungen ihre Eltern persönlich kennen gelernt [152] und betteln nur sie an. Die Hühnerkücken auf dem Hof sind selbständiger; sie suchen gleich selbst Futter und picken danach. Aber sie laufen zur Mutter, wenn diese durch besondere Rufe und Bewegungen mitteilt, daß sie Eßbares gefunden hat.

Wie diese Beispiele wohl zur Genüge gezeigt haben, orientieren die gleichen Reize sowohl zeitlich wie räumlich. Die Eltern sagen den Kindern nicht nur: Jetzt gibt's Futter, sondern auch: Hier ist es.

Die Frage, wie die jetzt und hier passende Handlung ausgelöst und jede nicht passende Verhaltensweise unterdrückt wird, [45] ist immer neuen Forschens und Nachdenkens wert. Die winzigen Jungen vieler Fische sind ebenso groß und verhalten sich auch so wie die Tierchen, von denen sich die Eltern ernähren. Das gilt z. B. für die Stichlinge und Cichliden, die beide vorzügliche Brutpfleger sind. Wie ist es möglich, daß die Eltern nicht ihre eigenen Jungen fressen? Bei den maulbrütenden Cichliden ist die Antwort einfach. Solange das Weibchen von *Tilapia natalensis* Eier oder Junge im Maul trägt, hat sie Fastenzeit; der Futterinstinkt ist völlig unterdrückt und damit auch die Neigung, die Jungen zu fressen [5]. Aber andere, nicht maulbrütende Cichliden machen es wie der Stichling: sie schnappen verirrte Junge auf und spucken sie in den Schwarm zurück [4]. Ihr Nahrungstrieb ist nicht gehemmt, sie essen Daphnien, *Tubifex* oder was sie sonst finden und lassen sich's jahrüber, auch zur Brutzeit, gleich gut schmecken. LORENZ beschreibt eine ebenso aufschlußreiche

wie amüsante Begebenheit, die beweist, wie gut die Eltern Futter
von ihren Jungen zu unterscheiden wissen [100]. Viele Cichliden bringen
abends ihre Kinder „zu Bett", d. h. zur Nistgrube, zu der sich der
Schwarm noch hält. Einmal beobachtete Lorenz mit einigen Stu-
denten ein Männchen beim Aufsammeln seiner Jungen. Als es gerade
eines erschnappt hatte, entdeckte es einen besonders leckeren Wurm,
hielt an, sah eine Zeit lang den Wurm an und schien ratlos. Nachdem
es dergestalt mehrere Sekunden „scharf nachgedacht" hatte, spuckte
es das Junge aus, schnappte und schluckte den Wurm, nahm das
Junge nochmals auf und brachte es zu Bett. Bravo! sagten die
Zuschauer.

Viele Vogeljunge fallen, sobald sie ausgewachsen sind, den Eltern
„auf die Nerven", mit anderen Worten, sie erregen ihren Angriffstrieb. Einige Zeit noch können sie die Alten befrieden, indem sie
unmißverständlich in kindliches Verhalten zurückfallen. Das habe ich
bei der Silbermöwe gesehen; ihre Jungen entwickeln eine Demut-
gebärde, die sozusagen das Gegenteil der Drohhaltung erwachsener
Silbermöven ist (Tafel 5, bei S. 80 oben): sie ziehen den Hals ein
und stellen sich ganz waagerecht, nur der Schnabel zeigt ein klein
wenig aufwärts. Es ist sicher kein Zufall, daß diese Stellung genau
dieselbe ist, [46] in der das Weibchen dem Männchen entgegengeht,
um sich ihm anzutragen (Abb. 27). Mit der Zeit wird freilich diese
Haltung der Jungen immer unwirksamer, weil der Pflegetrieb der
Alten schwindet. Wie zumeist haben sich die Dinge ausgeglichen;
sobald die Eltern sich nicht mehr um die Jungen kümmern, sind
diese soweit, daß sie sich selber helfen können.

Abb. 27. Silbermöwenweibchen (links) trägt sich dem Männchen an

Bei Cichliden hat sich noch ein Weg gefunden, um zu verhindern,
daß die Eltern ihre Jungen aufessen. Tatsächlich lassen sie sich die
Jungen von anderen Arten schmecken, und sie l e r n e n , die art-
eigenen Jungen von fremden zu unterscheiden, wie Noble [116] in einem
einfachen Versuch zeigte. Er schob einem erstbrütenden Paar Eier

einer fremden Art unter. Als diese schlüpften, nahmen die unerfahrenen Eltern die fremden Jungen an und behüteten sie. Aber so oft sie Jungen der eigenen Art begegneten, fraßen sie sie auf! So war das Paar für immer verdorben; denn als man ihnen bei der zweiten Brut ihre eigenen Eier ließ, verschluckten sie jedes ihrer Kinder, sobald es schlüpfte. Sie hatten gelernt, eine andere Art von Jungen als ihre eigenen anzusehen.

Umgekehrt dürfen die Jungen nicht auf ihre Eltern reagieren wie auf einen Feind. Viele fliehen vor größeren Fischen und müßten so auch vor den eigenen Eltern die Flucht ergreifen. Aber das würde natürlich jede Brutpflege unmöglich machen, wenn sich keine Abhilfe fände. Beim Stichling habe ich den Eindruck, daß das brutpflegende Männchen für seine Jungen einfach zu schnell ist; es überholt sie, wenn sie zu fliehen versuchen. Es sieht komisch aus, wenn das Männchen seine Kinder fangen möchte, die ihrerseits ausreißen, so schnell sie können. Nur wenn die Jungen zum Wasserspiegel aufsteigen, [47] um ihre Schwimmblase mit Luft zu füllen, entwickeln sie eine erstaunliche Geschwindigkeit. Dann schlagen sie ihren Vater nach allen Regeln der Kunst; sie schaffen es, hinauf- und wieder herabzuschießen, ohne daß er sie einzuholen vermöchte, obwohl er es jedesmal versucht. Alle Cichlidenjungen dagegen vertrauen ihren Eltern blind; warum, das weiß ich nicht.

LORENZ hat herausgefunden, wie es den Nachtreihern gelingt, die Jungen von ihren guten elterlichen Absichten zu „überzeugen" [98]. Beim Heimkommen verbeugt sich der Alte vor den Nestinsassen, zeigt seine schöne bläulichschwarze Kappe vor und stellt die drei dünnen weißen Schmuckfedern auf, die in der Ruhe zusammengefaltet sind (Abb. 28). Hat er sich so eingeführt, dann darf er ungestraft ins Nest hinabsteigen und eines freundlichen Empfanges sicher sein. Als LORENZ einmal auf den Nestbaum geklettert war und gerade neben dem Nest stand, kam ein Altvogel nach Hause. Da er zahm war, floh er nicht, nahm aber die Angriffsstellung ein, statt seinen Bückling zu machen. Da gingen alle Jungen, die ebenfalls an LORENZ gewöhnt waren, wie ein Mann auf ihren Vater los. Das war der erste Hinweis, den LORENZ später bestätigen konnte, daß die Jungen ihre Eltern am Bückling erkennen; denn die beiden erwachsenen Nachtreiher sind die einzigen Vögel, die diese Zeremonie am Neste zeigen und dadurch die Nestinsassen vom Angriff zurückhalten.

Es ist noch nicht viel darüber bekannt, wodurch unzeitgemäße Reaktionen des Artgenossen unterdrückt werden, aber die wenigen

Beispiele zeigen, wie fruchtbar diese Fragestellung ist. Das Feld ist so groß und so leicht zu bearbeiten; viele Verhaltensweisen, die vordem unverständlich schienen, werden uns jetzt durchsichtig. Bei dem Cichliden *Hemichromis bimaculatus* [48] z. B. führen beide Eltern abwechselnd ihre Brut, indem sie langsam im Zickzack schwimmen. Beim Rollenwechsel nimmt der ablösende Elter die langsame Zickzackbewegung auf, während der abgelöste geradeaus davonschießt (Abb. 29). So wird verhindert, daß ihm Junge nachschwimmen [5].

Abb. 28. Nachtreiher. Oben in Ruhe, unten bei der Begrüßung

Es ist bezeichnend, daß Zeremonien, welche die Menschen mit ihrer Vernunft erfunden haben, ganz ähnlich sind. Ein Gruß, was auch immer psychologisch dahinter stecken mag, wirkt oft beschwichtigend: er glättet, unterdrückt Abneigung, ja Feindschaft und öffnet die Tür zu weiterem Kontakt.

Die Abgrenzung gegen andere Arten ist im Eltern-Kind-Verhältnis wohl weniger bedeutsam als bei der Paarung. Natürlich sollen die Eltern nicht fremdartige Kinder mitbetreuen, denn das ginge auf Kosten ihrer eigenen. Aber gewöhnlich lernen sie nur, an dem Ort Junge zu betreuen, wo sich ihre eigenen Kinder aufhalten. Bei Hühnervögeln und Enten etwa, die ihre Jungen führen, ist die Beschränkung wohl notwendiger. Wahrscheinlich helfen hierbei die artverschiedenen Kopfzeichnungen der Kücken und ebenso die Stimme. Der Notwendigkeit, die hilflose Brut zu verteidigen, dienen weitere soziale Verhaltensweisen. Bei vielen

Abb 29. *Hemichromis bimaculatus.* Der abgelöste Elter schwimmt geradlinig fort; dadurch unterdrückt er den Nachfolgetrieb der Jungen (nach G. P. und J. M. BAERENDS 1948)

Arten tragen die Jungen Tarnkleider. Aber Tarnung hilft nur im Verein mit Stillhalten; Futtersuche und Betteln dagegen verlangen Bewegung. Deshalb haben viele Arten ein besonderes Verhalten entwickelt, durch das die Eltern ihre Jungen veranlassen, „sich zu drücken". So schneidet der Alarmruf der Amseleltern das Betteln der Jungen ab [49] und läßt sie sich ins Nest drücken. Wie tief eingewurzelt diese Reaktion der Jungen ist, das wurde mir recht unangenehm deutlich, als ich durch Attrappenversuche [170] die Schlüsselreize festzustellen versuchte, die das Sperren auslösen. So oft die Alten Alarm riefen, kümmerten sich die Jungen auch um unsere beste Attrappe nicht. Noch ausgeprägter ist dies Verhalten bei Nestflüchterjungen, die obendrein noch Tarnkleider tragen. Eben geschlüpfte Silbermöwen ducken sich, wenn der Alarmschrei erschallt, einfach ins Nest. Aber bald prägt sich jedes Junge bevorzugte Verstecke ein, läuft hin, sowie die Eltern warnen, und drückt sich dort. Wenn die Jungen weniger gut getarnt sind, müssen die Eltern sie schützen. Bei solchen Arten suchen die Kleinen Deckung im Gefahrenschatten des Elters, d. h. auf seiner vom Feinde abgewandten Seite. Das gilt für viele Enten, Gänse und manche Hühnerarten. Auch Cichliden haben dieses Verhalten entwickelt, natürlich völlig unabhängig von jenen.

Das Verhalten der Silbermöwe lehrt, wie nötig es ist, zwischen der Zeit- und der Ortsmeldung des Warnens zu unterscheiden. Der Alarmruf der Eltern besagt: Jetzt! und stimmt die Jungen, augenblicklich Deckung zu suchen. Aber der Elter kann ihnen weder sagen, wo der Feind ist, noch auch wo sie die beste Deckung finden. Das machten mir die Silbermöwen [168] klar, die ich in der Kolonie aus dem Versteck photographieren wollte. Mein Zelt hatte schon so lange am gleichen Platz gestanden, daß alt und jung es als Teil der Landschaft angenommen hatten. Die Erwachsenen benutzten sein Dach als Ausguckwarte, die Kinder flüchteten bei Gefahr hinein. Als ich mich einmal im Zelt unvorsichtig bewegte, sah das ein Altvogel. Er rief sofort Alarm und entfernte sich. Die Jungen hörten den Ruf und liefen in Deckung; aber ihr Versteck war mein Zelt, und so kamen sie allesamt in die Höhle des Löwen und drückten sich zu meinen Füßen.

Zu den Elter-Kind-Beziehungen kommen weitere zwischen Vater und Mutter, welche ihre Pflichtenverteilung regeln. Während das Kiebitzweibchen brütet, steht das Männchen Wache [85]. Seine Aufgabe ist es, Feinde anzugreifen und das Weibchen bei Störung zu warnen. [50] Dann rennt dieses von den Eiern und überläßt sie ihrem Tarnschutz. Ist sie etwa 50 Meter gelaufen, fliegt sie auf und gesellt sich oft zum angreifenden Männchen. So ist es manchmal;

aber meistens brüten auch beim Kiebitz beide Eltern und bei vielen
Arten immer. Dann sind wieder Zeitfragen zu lösen. Werden die
Eier niemals allein gelassen, so darf der Brüter nicht aufstehen, ehe
der Ablöser zur Stelle ist. Dafür sorgt die Ablösungszeremonie, auf
die der gerade Brütende zu warten hat und ohne die er nur sehr
schwer aufsteht. Hat die gerade nicht sitzende Silbermöwe ein paar
Stunden Futter gesucht, so spürt sie wachsenden Bruttrieb und fliegt
nach Hause. Im Revier sammelt sie Genist auf und trägt es zum
Nest. Dabei ruft sie oft dasselbe „Miau" wie vor dem Füttern der
Jungen. Dieses Herankommen und dieser Ruf machen den Brüter
bereit, sich ablösen zu lassen. Aber wenn sein Bruttrieb noch zu
stark ist, gehorcht er auch der schönsten Ablösungszeremonie nicht
und bleibt einfach sitzen. Dann versucht es der Heimgekommene
manchmal mit Gewalt; schweigend, aber entschieden versucht einer
den anderen aus dem Nest zu drängen (Tafel 4, bei S. 64 unten).
Und manche Arten wissen sich auch im umgekehrten Fall zu helfen.
Das Männchen eines Halsbandregenpfeiferpaares, das LAVEN [86] auf
dem Nest gefangen und beringt hatte, traute sich nicht wieder dorthin zurück. Nachdem das Weibchen sehr lange allein gebrütet hatte,
forderte es ihn unermüdlich fast zwei Tage lang immer wieder zur
Ablösung auf. Jedesmal kam das Männchen ein wenig näher heran,
flog aber doch immer wieder ab. Dann flog das Weibchen mit und
führte ihn über See im Bogen ins Revier zurück, ging aufs Nest,
bat wieder um Ablösung und so fort, bis er endlich die Scheu über-
wand [72].

Noch schwieriger werden die Aufgaben bei ineinandergeschach-
telten [71] Bruten, das heißt wenn schon die zweite Brut beginnt, bevor
die Jungen der ersten unabhängig wurden. Beim Ziegenmelker ist das
immer so, und manchmal beim Sandregenpfeifer. Die beiden Nacht-
schwalben haben feste Arbeitsteilung; er steht bei den ersten
Jungen, sie bebrütet die
zweiten Eier [80]. Die Sandregenpfeifer dagegen wechseln beide die Rollen bei
jeder Ablösung: Jetzt führt
(Abb. 30) er, sie brütet; dann

Abb. 30. Sandregenpfeifer mit Jungen

übernimmt sie die Jungen, er
setzt sich auf die Eier, und so fort [86]. Wiederum verständigen sich die
beiden Partner durch bestimmte Signale über die Ablösungen.

Die Eltern warnen einander mit demselben Ruf, den auch die Jungen verstehen. [51] Aber der Partner reagiert anders als diese: Ziegenmelker und Brachvogel und die Weibchen von Enten und Fasanen, die unscheinbar gefärbt sind und in offenem Gelände brüten, drücken sich tief ins Nest. Andere Arten machen es wie die Silbermöwe: sie verlassen Eier oder Junge und greifen den Feind an, entweder nur im Paar oder die ganze Kolonie zusammen. Dohlen scharen sich zu wuchtigem sozialem Angriff; denn jede Dohle reagiert nicht nur auf den Alarmruf aller anderen, sondern greift gemeinsam mit ihnen an, auch wenn der Feind ihrer eigenen Brut gar nicht nahe gekommen ist. Flußseeschwalben sah ich den Menschen einzeln, aber ein Hermelin als Gruppe angreifen.

Bei vielen Arten müssen beide Partner den Standort des Nestes kennen; daher gibt es viele Riten, ihn dem anderen zu zeigen. Wählen ihn beide, so führen sie an diesem Orte gemeinsam eine Zeremonie durch. Silbermöwen setzen sich nieder und machen abwechselnd Nistbewegungen in derselben Mulde. Bei vielen Höhlenbrütern wählt das Männchen, das ja zuerst eintrifft und Revier bezieht, die Nisthöhle und lenkt die Aufmerksamkeit des Weibchens durch bestimmte Schaustellungen dorthin. So zeigt der männliche

Abb. 31. Männlicher Gartenrotschwanz zeigt seine Nisthöhle einem Weibchen durch Vorweisen a) seines buntgezeichneten Gesichtes, b) seines roten Schwanzes (verändert nach BUXTON 1950)

Gartenrotschwanz am Höhleneingang (Abb. 31) entweder seinen bunt gezeichneten Kopf oder seinen roten Schwanz [13]. Das Turmfalkenmännchen läßt sich vor den Augen des Weibchens in zeremoniellem Segelfluge aufs Nest hinab.

Ganz einzigartig verhält sich der schmalschnäblige Wassertreter. Hier haben die Geschlechter ihre Rollen getauscht. [52] Das

Weibchen trägt ein prächtiges Kleid, das Männchen ist matt und unscheinbar gefärbt. Das Weibchen wählt und verteidigt ein Revier; sie singt und lockt ein Männchen herbei, das auch alleine brütet und die Jungen führt. Da sie immerhin weiblich genug ist, um wenigstens die Eier zu legen, muß sie ihm das Nest zeigen. Dazu beginnt sie, immer bevor sie ein Ei legt, noch einmal zu singen. Dem kann er ebensowenig widerstehen wie bei seiner Ankunft, als sie ihn ins Revier lockte, und so folgt er ihr unverzüglich [156]. Dann geht sie aufs Nest und legt das Ei vor seinen Augen. Diese einprägsame Zeremonie weist ihm den Ort an, wo der Schatz liegt, den das Weibchen seiner alleinigen Fürsorge anvertraut.

Verhalten in der Gruppe

Viele Tiere versammeln sich in Gruppen, die größer als Familien sind. Solch eine Gruppe kann aus mehreren Familien bestehen, wie bei Gänsen und Schwänen, oder aus einzelnen Artgenossen, die nicht mehr als Familien verbunden sind. Der Zusammenschluß bietet mancherlei Vorteile; der auffälligste ist wohl der Schutz gegen Räuber: jedes Tier in der Herde warnt bei Gefahr die anderen, und so ist die ganze Schar so wachsam wie ihr bester Späher; zudem unterstützen viele einander in gemeinsamem Angriff. Das gilt vor allem für höhere Tiere; aber tiefer unten in der Tierreihe [53] sind mannigfache andere Leistungen der Gruppe verwirklicht. ALLEE und seine Mitarbeiter [1, 2, 178] haben viele dieser Vorzüge sozialen Lebens nachgewiesen. Ein Goldfisch in der Gruppe verzehrt mehr, als wenn er einzeln lebt. Auch wächst er schneller, und zwar nicht nur deshalb, weil er in der Gruppe mehr ißt, sondern auch aus anderen Ursachen; denn ein einzeln gehaltener Goldfisch, der sich ebenso reichlich ernährt wie jeder in der Gruppe, bleibt trotzdem kleiner. Der marine Strudelwurm *Procerodes* widersteht Schwankungen des Salzgehaltes in der Gruppe besser als einzeln. Zwei bis drei Küchenschaben zusammen leisten in Orientierungsversuchen Besseres als allein lebende. Für Daphnien ist nach WELTY das Leben im Schwarm vorteilhaft, weil dort die Wahrscheinlichkeit, gefressen

Tafel 3
Samtfaltermännchen (links) balzt ein Weibchen der verwandten Art
Hipparchia statylinus an.
Trillerndes Kreuzkrötenmännchen

zu werden, geringer ist. Denn den Daphnienräuber verwirrt die
Fülle. Bot man Goldfischen eine sehr dichte Ansammlung, so waren
sie ständig in Versuchung, sich von einer Daphnie zur anderen zu
wenden, ehe sie noch die erste geschnappt hatten. Daher nahmen sie
nicht so viele auf wie vor einem weniger dichten Schwarm. Der
Gartenrotschwanz schließlich meidet dicht gedrängte Raupen des
Tagpfauenauges; dagegen pickt er sogleich jede auf, die einzeln aus
der Gruppe herauskriecht [110].

So bringt das Leben in der Gruppe den Individuen und somit auch
der Art vielerlei Vorteile, und abermals fragen wir, was das Verhalten zur Bildung und Erhaltung der Gruppe beiträgt.

Als erstes müssen Tiere zusammenkommen und beisammenbleiben;
das kann durch Schlüsselreize geschehen, die verschiedene Sinne des
Antwortenden erregen. Bei Vögeln sind es vor allem Seh- oder Hör-
reize oder beides zusammen. Die bunten artverschiedenen Flügel-
spiegel von Enten und Gänsen dienen diesem Zweck. Im Berliner
Zoo, wo viele Entenarten aus aller Herren Länder gehalten wurden,
sah HEINROTH Enten und Gänse, welche sich oft von vorbeifliegenden
Vögeln mitreißen lassen, am leichtesten dann mitkommen, wenn der
Spiegel der Vorüberfliegenden dem der eigenen Art ähnlich sah,
ganz gleich wie nah oder fern sich beide Arten im System standen [59].
Auch die auffälligen arttypischen Bürzelzeichnungen vor allem von
Sumpf- und Strandvögeln [54] dürften dasselbe leisten. Die Stimm-
fühlungslaute vieler Singvögel wie Finken und Meisen halten den
Flug zusammen; jeden Vogel locken die Gesänge seiner Art an, wie
man leicht an Vögeln beobachten kann, die vom Schwarm abgekommen sind.

Viele Fische nehmen einander meist mit den Augen wahr, bei anderen spricht der Geruch mit. Elritzen [41, 52] z. B. antworten auf ihren
Artduft [182] und können im Versuch sogar lernen, einzelne Artgenossen geruchlich zu unterscheiden. Ob sie unter natürlichen Ver-
hältnissen von dieser Fähigkeit Gebrauch machen, ist unbekannt.

Zum sozialen Verhalten höherer Tiere gehört jedoch mehr als nur
Gruppenbildung. In der Gruppe kann das Verhalten des einen das
von anderen beeinflussen. Wie schon auf S. 7 mitgeteilt, fangen
Stichlinge, die einen Artgenossen Nahrung erbeuten sehen, selber zu
fressen an. Das nennt man „Stimmungsübertragung" oder kürzer
„Ansteckung". Aber nicht nur das Essen kann anstecken, sondern
auch manche andere Instinkte wirken stimmungsübertragend. Ein

Vogel alarmiert durch sein Warnen die ganze Gruppe. Allgemein bekannt ist die ansteckende Wirkung der Schläfrigkeit und des Gähnens. Sogar die artgemäßen Fortbewegungsweisen werden solcherart synchronisiert. Macht sich einer in der Gruppe zum Aufbruch fertig, so können die anderen mittun; fliegt einer plötzlich auf, dann reißt er alle mit. Der Nutzen all dieser Arten von Stimmungsübertragung ist klar; sie sorgt dafür, daß alle gleichzeitig dasselbe tun, anstatt sich zu zersplittern.

Viele dieser Beziehungen beruhen auf der Neigung aller, auf die Bewegungen der anderen zu reagieren. Diese Bereitschaft ist bei sozialen Tieren sehr stark entwickelt; schon das kleinste Anzeichen, jede auch noch so schwache Bewegung reizt sie. Dergleichen nennen wir Intentionsbewegungen, z. B. erste unentschlossene Andeutungen des Losgehens, Auffliegens oder Abspringens. Viele Auslöser lassen sich aus solchen Intentionsbewegungen ableiten. Eine auffliegende Dohle z. B. gibt genau auf alle Glieder ihrer Gruppe acht. Tun die nicht mit, so kommt sie zurück und gibt ihre Reisepläne vorerst auf, oder sie lockt sie zu gemeinsamem Aufbruch [97], [55] indem sie zu den noch am Boden Sitzenden fliegt, niedrig über sie hinweggleitet und dabei rasch ihren Schwanz schüttelt.

Eine andere Art sozialer Zusammenarbeit ist der gemeinsame Angriff. Dohlen z. B., Seeschwalben und allerlei Singvögel „hassen"

Abb. 32. Bachstelzen hassen auf den Sperber

den Räuber an. Vor allem Haussperlinge sammeln sich dann laut schilpend im Buschwerk und um den Sitzplatz eines Sperbers, Steinkauzes oder über einer streunenden Katze. Oder sie begleiten den fliegenden Sperber im dichten Schwarm, trachten, stets über ihm zu bleiben, und stoßen immer wieder einmal auf ihn hinab (Abb. 32).

Solch ein gemeinsames Verhalten kann darauf beruhen, daß alle zugleich den Feind gesehen haben. Aber auch wenn ihn nur einer sah, so warnt er alle anderen. Sein Alarmruf ist ein gutes Beispiel für Handlungen, die der Gemeinschaft dienen, aber den einzelnen gefährden.

Der gemeinsame Angriff hat verschiedene Aufgaben. Ist der Räuber nicht gar zu hungrig, so weicht er oft schon bei Beginn der Feindseligkeiten. Aber den heißhungrigen ernstlich jagenden Sperber beirrt das Anhassen nicht; immerhin stört es ihn beim Spähen nach anderer Beute. Sogar das Zusammenschließen zum dichten Schwarm ohne Hassen, wie es vom Wanderfalken verfolgte Stare oder Sumpfvögel tun, hat arterhaltenden Wert. Ein Wanderfalk stößt nur auf einzelne Vögel, die von der Schar abgekommen sind; [56] denn bei der rasenden Geschwindigkeit seines Sturzfluges könnte ein Zusammenstoß ihn selbst gefährden.

Außer optischen und akustischen Alarmsignalen kennen wir bei sozialen Fischen auch chemische. Wenn ein Hecht oder Barsch eine Elritze erschnappt, stiebt der Schwarm auseinander und kehrt nicht wieder zum Schreckensort zurück. Noch lange Zeit bleiben sie auf der Hut und gehen schon auf geringsten Verdacht in Deckung. Dafür ist ein Duftstoff aus der Haut der getöteten Elritze verantwortlich. Zahme Elritzen im Aquarium fliehen panisch, wenn man ihrem Futter eine Spur Preßsaft aus frisch zerschnittener Elritzenhaut beigibt. Die Substanz ist ebenso streng spezifisch wie die Reaktion auf sie: jede Art antwortet nur auf ihren eigenen Schreckstoff [41].

IV
KAMPF

[57] Hat ein Räuber seine Beute gestellt, so setzt sich der Angegriffene oft zur Wehr. Solche Selbstverteidigung lassen wir hier außer acht, weil sie sich meist gegen einen Artfremden richtet. Auch kommt sie längst nicht so oft vor wie der Kampf zwischen Artgenossen. Die kämpfen am häufigsten in der Brutzeit, was „Fortpflanzungskampf" heißen mag. Rangordnungskämpfe können auch zu jeder anderen Zeit stattfinden.

Fortpflanzungskampf

Jede Art hat ihre Kampfesweise [109]. Schon die Waffen sind verschieden. Hunde beißen sich, ebenso Möwen und viele Fische. Nur zu diesem Zweck wächst dem männlichen Lachs an der Unterkieferspitze ein mächtiger Haken. Pferde und viele andere Huftiere schlagen einander mit den Vorderbeinen. Hirsche messen ihre Kräfte, indem sie ihre Geweihe gegeneinander stemmen (Abb. 33). Die grünfüßigen Teichhühner kann man während der Frühlingsmonate in vielen Parks miteinander kämpfen sehen. Sie werfen sich halb auf den Rücken und schlagen mit ihren langzehigen Füßen. Viele Fische [58] schicken dem Rivalen durch Seitwärtsschlagen des Schwanzes

Abb. 33. Kämpfende Edelhirsche

einen starken Wasserstrom entgegen. Ohne daß beide Körper einander berühren, erregen die durch die Schwanzschläge (Abb. 34) erzeugten Ströme die Seitenorgane des Gegners aufs äußerste. Bitterlingsmännchen stoßen sich mit den Köpfen, wo ihnen im Frühjahr hornige Warzen wachsen.

Obwohl frühlingsüber unausgesetzt gekämpft wird, sieht man doch nur sehr selten Wunden oder gar Todesfälle [166]; meist drohen

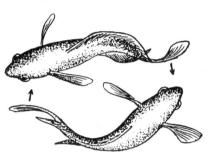

Abb. 34.
Mit Schwanzschlägen fechtende
Fische (nach TINBERGEN 1951)

sich die Gegner nur an und führen Scheinkämpfe auf. Die Wirkung kommt der eines echten Kampfes gleich: das Drohen zwingt die Artgenossen, von einander Abstand zu halten, da sie sich gegenseitig abstoßen. Einige Beispiele von Drohverhalten finden sich schon im ersten Kapitel; jede Tierart droht anders als alle anderen Arten. Drohende Kohlmeisen stehen einander gegenüber, strecken den Kopf hoch und weisen durch langsames Seitwärtspendeln ihre schwarzweiße Kopfzeichnung vor [158]. Rotkehlchen wenden dem Gegner ihre rote Brust zu und drehen sich dann langsam abwechselnd zur linken und zur rechten Seite (Abb. 35). Manche Cichliden heben ihre Kiemendeckel, während sie dem Feind gegenüberstehen. Bei *Cichlasoma meeki* und *Hemichromis bimaculatus* trägt jeder Kiemendeckel einen höchst auffälligen schwarzen Fleck mit goldener Umrandung; die Drohgebärde stellt diese „Augen" prächtig zur Schau (Abb. 36).

Abb. 35. Drohendes Rotkehlchen (nach
LACK 1943)

Nicht alle Drohsignale wenden sich an den Gesichtssinn. Viele Säugetiere setzen Duftmarken [55—58] an Orten ab, wo sie einander treffen oder Rivalen erwarten. Hunde tun das mit ihrem Harn; Hyänen, Marder, Gemsen, manche Antilopen und viele andere haben

Duftdrüsen, deren Abscheidungen am Boden und auf Buschwerk, Baumstümpfen, Gestein usw. abgesetzt werden (Abb. 37). Der Braunbär reibt seinen Rücken gegen einen Stamm und harnt dabei.

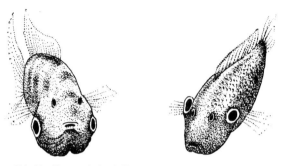

Abb. 36. Vorwärtsdrohende Männchen von *Cichlasoma meeki* (links) und *Hemichromis bimaculatus* (rechts) (nach TINBERGEN 1951)

Auch Lautäußerungen können Warnbedeutung haben. All die Rufe, die im zweiten Kapitel als „Gesang" besprochen wurden, ziehen nicht nur Weibchen an; sie vertreiben zugleich die Männchen.

Abb. 37. Hirschziegenantilope markiert einen Ast mit dem Duft der Voraugendrüse (nach HEDIGER 1949)

Die Leistungen des Fortpflanzungskampfes

Jeder Fortpflanzungskampf beschränkt sich auf bestimmte Gegnergruppen. Bei den meisten Tierarten kämpfen die Männchen, und zwar ausschließlich oder vorwiegend mit männlichen Artgenossen. Manchmal kämpfen beide Geschlechter, [60] dann meist jedes mit seinesgleichen: das Männchen greift andere Männchen an, das Weibchen bekämpft Weibchen. Nur bei den Wassertretern und ganz wenigen anderen Vögeln kämpfen allein die Weibchen, wiederum nur mit ihresgleichen. Dies alles zeigt, daß die Kämpfer um die Fortpflanzung rivalisieren.

Weiter verhindern Kampf und Drohen, daß zwei Rivalen sich am gleichen Orte niederlassen. Ihre Feindschaft zwingt sie auseinander, so daß jeder seinen Teil des insgesamt verfügbaren Raumes für sich hat. Wenn wir erfahren können, was solch ein Revier [62] bedeutet, so wird uns das helfen, eine weitere Leistung der Fortpflanzungskämpfe zu verstehen.

Jedes Tier kämpft gewöhnlich nur in einem bestimmten, verhältnismäßig kleinen Raum [83, 112, 157]. Das kann der Raum um das Weibchen oder, wie z. B. beim Hirsch, um den Harem sein. Das Bitterlingsmännchen verteidigt die Umgebung der Muschel (Abb. 38) gegen Wettbewerber und lockt ein Weibchen herbei. Es veranlaßt dieses, seine Eier in die innere Kieme der Muschel abzulegen, wo sie sich zu Larven entwickeln. Die Totengräber genannten Käfer verteidigen die Leiche, in die sie ihre Eier legen, gegen Rivalen. In all diesen Fällen wird nicht nur das Weibchen, die Muschel usw., sondern auch ein Schutzgürtel rund um die Kostbarkeit im Mittelpunkt verteidigt; die Rivalen dürfen sich ihm nur bis auf einen beträchtlichen Abstand nähern. Bei den besprochenen Arten erkennt man das Zentralobjekt leicht: wenn die Ricke weiterzieht, folgt der Bock und kämpft immer in ihrer Nähe. Wandert die Muschel, so verlegt der Bitterling seine Reviergrenzen entsprechend. Aber die meisten Arten haben festliegende Reviere; das Männchen wählt eins und verteidigt es. In jedem Garten kann man das bei so bewährten Kämpfern wie Rotkehlchen, Buchfink (Abb. 39) und Zaunkönig beobachten. [61] Man versteht die Bedeutung solch eines Revieres leicht, wenn sich der

Abb. 38. Bitterlingsmännchen mit Muschel (nach BOESEMAN und Mitarbeitern 1938)

Abb. 39. Kämpfende Buchfinkenmännchen

Kampf auf einen bestimmten Teil desselben beschränkt. So bekämpfen Höhlenbrüter den Eindringling um so heftiger, je mehr er sich der Höhle nähert. Aber da die meisten Arten solch einen bestimmten Teil ihres Revieres nicht bevorzugt verteidigen, hat man vermutet, die alten Singvögel brauchten es, um daraus rasch genug Futter für die Jungen heranzuholen, ehe diese so kalt würden, daß sie nicht mehr sperrten. Je weiter weg vom Nest die Altvögel Futter suchen müssen, um so länger die Huderpause, was bei schlechtem Wetter gefährlich werden kann. Die Richtigkeit dieser Ansicht ist allerdings umstritten.

Bei Bodenbrütern wie Möwen, Seeschwalben, dem Kiebitz und anderen könnte das Abstandhalten Feinden gegenüber vorteilhaft sein; denn offenbar spezialisiert sich Raubzeug leicht auf dicht gescharte Beute, seien es Eier oder Junge. Gerade deshalb sind schutzfarbige Arten gewöhnlich Einzelgänger und halten großen Abstand [165]. Bei Vögeln wie den Möwen, deren Brut gut getarnt ist, sichert der Revierkampf genügenden Zwischenraum. Der Zwiespalt der Neigungen zwischen kolonialem Brüten, dessen Vorteile wir im dritten Kapitel kennen lernten, und Abstandhalten hat bei jeder Art zu einem etwas anderen Kompromiß geführt, der die beiderlei Vorteile wenigstens zum Teil zu genießen erlaubt.

Insgesamt ist kein Zweifel, daß die Fortpflanzungskämpfe zu etwas gut sind. Sie verteilen die Paare auf solchen Abstand, [62] daß jeder seinen zur Fortpflanzung unentbehrlichen Besitz oder sein Revier für sich hat. So verhindern die Kämpfe, daß mehrere Individuen ein Objekt gemeinsam benützen, was in vielen Fällen verderblich wäre oder zumindest den Erfolg vermindern würde. Sind zu viele Bitterlingseier in einer Muschel, dann werden sie alle nicht recht gedeihen. Würden sich viele Männchen mit einem Weibchen verpaaren, anstatt daß jeder sich ein eigenes sucht, so wären gar zu viele Keimzellen verschwendet. Zwei Starenbruten in derselben Höhle würden sich gegenseitig vernichten. Kurz, das Abstandhalten gibt jedem Gelegenheit, alle verfügbaren Möglichkeiten zu nützen.

Die Ursachen des Kämpfens

Als nächstes erhebt sich die Frage, was die Tiere so kämpfen macht, daß all diese Aufgaben erfüllt werden. Warum kämpfen sie nur dann, wenn, und nur dort, wo es nötig ist? Nach welchen Merkmalen sucht sich das Tier seinen Rivalen unter all den Tieren, denen es

begegnet? Kampf gefährdet den Kämpfer, denn es setzt ihn dem
Angriff durch Räuber aus, vor denen er sonst fliehen würde; ferner
gefährdet er die Fortpflanzung, da zuviel Kampf zu wenig Zeit für
alles andere übrig läßt. Deshalb ist es lebensnotwendig, das Kämpfen
auf die Situationen zu beschränken, in denen es unentbehrlich ist.
Die Dinge liegen ähnlich wie bei der Verpaarung, von der wir schon
sprachen. Damit das Tier nur für die Verteidigung des Revieres, der
Muschel, des Weibchens usw. und um nichts anderes kämpft, muß es
gerade diese Situationen spezifisch beantworten; auch muß es sich
auf die Zeiten beschränken, zu welchen ein Eindringling vertrieben
werden soll. Endlich darf die Angriffskraft nicht auf fremde Arten
verschwendet werden, es sei denn, daß auch diese als Rivalen in
Betracht kommen. Wie wir sehen werden, sendet der Rivale tatsächlich viele Reize aus, deren Zusammentreffen die passenden Handlungen auslöst. Da überdies viele dieser Reize zugleich mehreren
Funktionen dienen, kann ich hier die Abschnitte nach der Funktion
nicht so scharf voneinander trennen, wie es zuvor bei Besprechung
der Verpaarung möglich war.

Wie wir sahen, ist ein Hauptmerkmal des Kämpfens seine Beschränkung auf einen bestimmten Ort. Wenn im Frühjahr ein Stichlingsmännchen seinesgleichen begegnet, so kämpft es ganz gewiß
nicht jedesmal. [63] Aber in seinem eigenen Revier greift er jeden
Eindringling an; außerhalb flieht er vor demselben Männchen, das
er „daheim" sicherlich angreift. Das läßt sich sehr leicht in einem
Aquarium zeigen, wenn es für zwei Reviere Platz hat. Männchen A
greift B an, wenn B in das Revier von A eindringt, und umgekehrt.
Gewöhnlich überschreitet keiner von ihnen freiwillig seine Reviergrenzen, aber man kann die auslösende Situation leicht herstellen,
indem man beide Nachbarn fängt und jeden in ein weites Glasrohr
setzt. Steckt man nun beide Rohre ins Revier A, so richtet A durch
die Glaswände seinen Angriff gegen B, [64] der seinerseits alles
Mögliche tut, um durch die Glaswand heimwärts zu fliehen
(Abb. 40 a). Versetzt man beide Rohre nach B, so flieht der bisherige
Angreifer, und der bisherige Flüchtling greift an (Abb. 40 b).

Wie es kommt, daß ein Männchen innerhalb seines Revieres mutig,
jenseits der Grenze feige ist, das ist erst selten etwas ins einzelne
untersucht worden. Dazu muß man das Revier ganz oder teilweise
künstlich verschieben und zusehen, ob das Männchen sein Kampf-

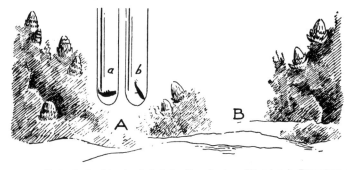

Abb. 40 a. Nachweis der Ortsgebundenheit des Kampfmutes. Männchen b, Eigentümer von Revier B, wird im Reagensglas ins Revier A gebracht; dessen Männchen a greift an, während b zu entfliehen versucht

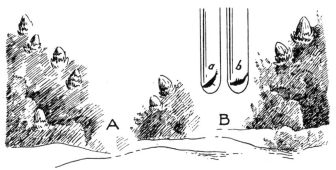

Abb. 40 b. Im Revier B greift b an, während a flieht

verhalten den neuen Grenzen anpaßt. In den großen Vogelrevieren ist das schwerer als im Aquarium mit kleinen Fischen. Immerhin weiß man, daß Vögel ihr Revier erweitern, wenn das Weibchen sein Nest jenseits der Grenze zu bauen begann, die das Männchen ursprünglich abgesteckt hatte.

Sicher scheint es, daß Reviere ganz vorwiegend nach Eigenschaften ausgewählt werden, auf die das Tier angeborenermaßen anspricht. Deshalb suchen alle Angehörigen derselben Art oder Rasse nach gleichen Grundmerkmalen; aber die persönliche Bindung des Männchens an das gerade ihm eigene Revier, an die besonderen Merkmale also, die über die von der Art geforderten hinaus allein diesem einen Revier zukommen, beruht auf Lernvorgängen. Ein Stichlingsmännchen sucht angeborenermaßen nach flachem Wasser mit viel Pflanzenwuchs, aber gewiß nicht nach einer bestimmten Pflanze hier und nach dem und dem Stein dort. Hat er aber sein Revier erobert und verteidigt es, dann verschiebt er die Grenzen um eben den Betrag, um den wir solch eine Pflanze oder so einen Stein in seinem Revier verschoben haben. Auch kann er bei mehreren aufeinander folgenden Bruten jedesmal ein anderes Revier beziehen; jedes von ihnen erkennt er an solchen erlernten Landmarken.

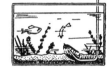

Die Reaktion auf ein bestimmtes Objekt wie die Muschel oder die Bruthöhle ist vermutlich ebenfalls angeboren, und deshalb sind nur wenige Schlüsselreize nötig. So bedeuten dem Bitterling [8] die von der Muschel ausgehenden Gesichtsreize weit weniger als ihr Ausatmungsstrom. Der Fisch reagiert sowohl auf die Wasserbewegung als auch auf die chemischen Reize (Abb. 41). Die beiderlei Reize, sowohl die angeborenermaßen wirksamen wie die erlernten, beschränken den Kampf auf das Revier.

[65] Zu welcher Zeit etwa gekämpft wird, das bestimmen wiederum Außenfaktoren; aber für die allgemeinste jahreszeitliche Verteilung sind, wie bei der Ver-

Abb. 41. Bitterlinge reagieren sehr stark auf eine leere Muschelschale, wenn man Wasser durchleitet, in welchem lebende Muscheln gewesen sind (nach BOESEMAN und Mitarbeitern 1938)

paarung, Geschlechtshormone verantwortlich. Kampfstimmung setzt Gonadenwachstum voraus, das seinerseits, über die Hypophyse, von rhythmischen Faktoren abhängt, z. B. auf der nördlichen Halbkugel vom Längerwerden der Tage. Genauer begrenzen dann wiederum Schlüsselreize das Handeln. Der Rivale löst Kampfverhalten aus, wenn er dem Revier oder sonstigem Besitztum zu nahe kommt. Solche Schlüsselreize haben eine eigentümliche Doppelfunktion: Wenn ein Fremder sie zeigt, richten sie den Angriff auf ihn; zeigt sie der Angreifer auf eigenem Grund, so erschrecken sie den Fremden; die gleiche Attrappe löst diesseits der Grenze Angriff, jenseits Flucht aus. In beiden Fällen dienen sie, die Artgenossen passend zu verteilen, und da artfremde Auslöser unwirksam sind, so beschränken sie den Kampf auf die Artgenossen.

Bei einigen Arten sind solche Auslöser durch Attrappenversuche analysiert worden. Das Stichlingsmännchen nimmt zwar auch artfremde Eindringlinge ein wenig an, konzentriert aber seine Angriffe auf männliche Artgenossen. Modelle wirken ebenso, wenn sie nur unterseits rot sind. Ein leuchtend blaues Auge und ein hellblauer Rücken verbessern das Modell ein wenig, aber Form und Größe sind innerhalb sehr weiter Grenzen völlig gleichgültig. Eine zigarrenförmige Attrappe mit nur einem Auge, aber roter Unterseite löst viel heftigere Angriffe aus als ein völlig formtreues, aber farbloses Modell, ja als ein frischgetöteter Stichling, [66] der nicht rot ist (Abb. 42). Auf die Größe kommt es wenig an: Sooft ein rotes Postauto in etwa 90 m Abstand an den Fenstern unseres Laboratoriums vorbeifuhr, in welchen 20 Stichlingsaquarien standen, richteten alle Männchen ihre Rückenstacheln auf, stürmten wie ein Mann fenster-

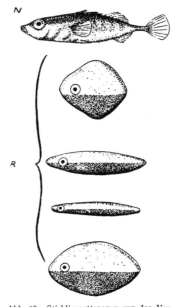

Abb. 42. Stichlingsattrappen aus den Versuchen über Kampfauslöser. Die natürliche silbrige Form N wird nur selten angegriffen, sehr rohe, aber rotbäuchige Modelle (R) werden heftig bekämpft (nach TINBERGEN 1951)

wärts gegen ihre Aquariumswand und verfolgten das Postauto von der einen Aquariumsecke bis in die andere. Da Attrappen, die dreimal so groß wie ein Stichling waren, zwar ähnliche Angriffe auslösten, wenn sie nicht zu nahe herankamen, im Revier aber nicht angegriffen wurden, dürfte es auf den Winkel ankommen, unter dem das Objekt gesehen wird; die Autos fielen in die wirksame Variationsbreite dieses Winkels.

Neben der Farbe wirkt auch das Verhalten auslösend. Sieht ein Stichlingsmännchen den Reviernachbarn von weitem, so droht es ihn an, indem es sich senkrecht auf den Kopf stellt (Abb. 43); dabei

Abb. 43. Drohhaltung des Stichlingsmännchens (nach TINBERGEN 1951)

dreht es die Flanke, wenn nicht gar die volle rote Unterseite, dem
Gegner zu und stellt einen oder beide Bauchstacheln auf. Das macht
andere Männchen wütend. Und auch den Angriff auf eine Attrappe
kann man verstärken, indem man
sie in Drohstellung bringt.

Ähnliches hat man am Rotkehlchen beobachtet. [67] Entdeckt das
Männchen in seinem Revier einen
fremden Artgenossen, so droht es
oder greift an. Wie LACK[83] zeigte,
ist die rote Brust der wirksamste
Schlüsselreiz. Wenn er ein ausgestopftes Rotkehlchen in ein be-
wohntes Revier stellte, so drohte
der Besitzer es an; ja es genügte
ein Büschel roter Federn (Abb. 44).
Und wie beim Stichling eine noch
so rohe, aber rote Attrappe wirk-

Abb. 44. Kampfauslöser: Das Stopfprä-
parat eines jungen Rotkehlchens mit brauner
Brust (links) wird kaum bekämpft, ein
Büschel roter Brustfedern (rechts) dagegen
heftig angedroht (nach LACK 1943)

samer war als ein formtreues silberfarbiges Modell, so richteten auch
die paar roten Federn mehr aus als ein leibhaftiges ausgestopftes junges
Rotkehlchen mit brauner Brust. Der rote Bauch des Stichlings und
die rote Brust des Rotkehlchens bewirken genau das gleiche; auch bei
anderen Tiergruppen haben sich ähnliche Schlüsselreize konvergent
entwickelt.

Aber Rotkehlchen signalisieren nicht nur optisch, sondern sie hören
einander auch noch auf Entfernungen, in welchen sie sich nicht mehr
sehen. Vor allem der Gesang eines fremden Männchens stört den
Revierinhaber und veranlaßt ihn nachzusuchen. So hat der Angriff
mindestens zwei Phasen. Der Besitzer fliegt erst in die Richtung, aus
der er den Fremden singen hört; dann sucht er nach einer roten Brust,
die er androht oder angreift.

Dieselbe Aufgabe erfüllt der Gesang bei vielen anderen Arten; [68]
er ist ein Zeichen der Männlichkeit und reizt den Revierinhaber zum
Angriff. Wie schon früher gesagt, schlägt ein Männchen, das seine
Anwesenheit im eigenen Revier solchermaßen kundtut, Eindringlinge
in die Flucht. Das ist draußen leicht zu sehen; singt ein fremdes
Männchen unsichtbar im Laub verborgen, so ist man immer wieder
überrascht, wie heftige Reaktionen es dadurch bei den Reviervögeln

auslöst. Dabei sind die Eindringlinge das verkörperte schlechte Gewissen, die Besitzer aber das Bild gerechter Entrüstung.

Bei der Silbermöwe tragen beide Geschlechter dasselbe Kleid, aber
angrifflsustig sind vor allem die Männchen, und zwar gegen ihresgleichen. Nun singen die Silbermöwen nicht, und keiner ihrer Rufe
regt andere Männchen zum Angriff auf; auch haben sie keine kampfauslösenden Farb- oder Zeichnungsmerkmale, wohl aber solches Verhalten. Drohhaltungen und Nistbewegungen machen andere Männchen
aufmerksam und stimmen sie feindlich.

Abb. 45. Weibchen (links) und Männchen (rechts) des nordamerikanischen
„Flicker"-Spechtes (nach NOBLE 1936)

Bei wieder anderen Arten ist wie beim Stichling das Männchen an
seinem Prachtkleid erkennbar, z. B. bei dem amerikanischen Specht
Colaptes auratus; im Gegensatz zum Weibchen trägt er an der
Schnabelwurzel einen schwarzen „Schnurrbart"-fleck (Abb. 45). Als
man ein Weibchen einfing, ihm einen Schnurrbart anmalte und es
dann wieder freiließ, wurde es vom eigenen Männchen angegriffen.
Nochmals eingefangen und gesäubert, war es sogleich wieder anerkannt [114].

[69] Wellensittichmännchen haben eine blaue, Weibchen eine braune
Wachshaut (Abb. 46). Solche, deren Wachshaut man blau bemalt
hatte, wurden von den Männchen bekämpft [15].

Ein erstaunlich gut vergleichbarer Fall hat sich bei einem Tintenfisch gefunden, also einer von den Vögeln sehr weit entfernten
Gruppe. Das *Sepia*-Männchen entfaltet zur Paarungszeit höchst auffällige Schauwirkungen. Wenn es einem Artgenossen begegnet, zeigt
es ihm die Breitseite seiner Arme; zugleich entwickelt sich im Zusammenspiel seiner Farbzellen ein tief purpurfarbiges Streifenmuster
auf weißem Grunde (Abb. 47). Wenn ein Männchen dieses sieht,
greift es den Schausteller an. Weibchen dagegen verhalten sich ruhig
und lassen sich begatten. Durch Gipsattrappen von beiderlei Färbung

und „Verhalten" kann man beide Verhaltensweisen des Männchens auslösen [154].

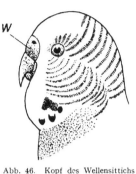

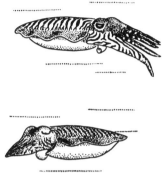

Abb. 46. Kopf des Wellensittichs (nach TINBERGEN 1951)

Abb. 47. *Sepia*-Männchen; unten in Ruhe, oben imponierend (nach TINBERGEN 1939)

Auch Eidechsen benehmen sich recht ähnlich [68, 78]. Die Männchen stellen mit besonderen Bewegungen ihre Prachtfarben zur Schau. Die amerikanische Zauneidechse z. B. hat einen tarnend gefärbten

Abb. 48. Imponierendes Zauneidechsenmännchen (nach NOBLE 1934)

Rücken, aber die Unterseite des Männchens ist blau. Diese Farbe wird jedoch nur sichtbar, wenn das Männchen sie vorweist, und das tut es im Frühjahr bei Begegnungen mit Artgenossen. Dann bezieht es Posten vor dem anderen, weist ihm seine Breitseite und vergrößert sie zugleich durch Zusammenpressen der Rippen so sehr, daß der blaue Bauch seitlich gut sichtbar wird (Abb. 48). NOBLE konnte an Weibchen mit blau bemalter Unterseite wie an Männchen mit weibchenfarbig lackiertem Bauch zeigen, [70] daß die blaue Farbe der Hauptschlüsselreiz des revierverteidigenden Männchens ist [113], [115].

Bisher habe ich nur von solchen Reizen gesprochen, die vor allem bestimmen, wann gekämpft wird. In den meisten dieser Fälle lösen sie den Angriff nicht nur aus, sondern richten ihn auch zugleich. Trotzdem müssen wir, wie bei der Verpaarung, diese beiden Funktionen wohl unterscheiden, denn es gibt Reize, die nur der einen oder der anderen dienen. Manche Entenweibchen z. B. hetzen ihre Gatten durch bestimmte Bewegungen und Rufe auf andere Männchen. Die Rufe erregen nur die Angriffslust der Männchen, während die Kopfbewegungen des Weibchens auf das Männchen hinzeigen, das der Gatte angreifen soll [99]. Das kann man leicht bei den zahmen und halbzahmen Stockenten in unseren Parks sehen. Wird ein Weibchen von einem Fremden „angeredet", so schwimmt sie zu ihrem Mann und zeigt wiederholt durch eine seitliche Kopfbewegung über die Schulter hinweg mit ihrem Schnabel auf den Zudringlichen.

Die dritte Funktion, im Dienst der Art als Fortpflanzungsgemeinschaft auch die Kämpfe auf Artgenossen zu beschränken, ist durch dieselben Beispiele belegt. Wiederum wie die zur Verpaarung führenden Schlüsselreize sind auch die kampfauslösenden artspezifisch und oft gerade bei nächstverwandten Arten in ungefähr demselben Lebensraum ganz besonders verschieden. Doch gewinnt man den Eindruck, daß Kampf mit Artfremden nicht ganz so streng ausgeschlossen ist wie Paarung über die Artgrenze hinweg. Soweit wir heute wissen, [71] kämpfen Männchen zweier Arten nur dann gelegentlich miteinander, wenn sie einander oberflächlich ähneln. Irrtümliche Angriffe auf Artfremde kommen zustande, weil beide Arten zufällig den einen oder anderen kampfauslösenden Schlüsselreiz gemeinsam haben. In einigen Fällen dagegen zielt der Kampf unverkennbar auf fremde Arten, weil sie Mitbewerber um ein zur Fortpflanzung notwendiges Objekt sind; z. B. vertreiben Stare und Feldsperlinge andere Höhlenbrüter aus ihren Nisthöhlen.

Tafel 4
Kampfläufermännchen auf dem Balzplatz. Das Männchen zur Linken zeigt einem nicht abgebildeten Weibchen seine weiße Flügelunterseite. Ungewöhnliche Brutablösung bei der Heringsmöwe. Der rechte Vogel versucht, den Brütenden aus dem Nest zu drücken

Die Rangordnung

In Gruppen lebende Arten kämpfen manchmal auch um etwas anderes als Weibchen und Reviere. Der eine kann wohl einmal um Futter, der andere um einen Lieblingsplatz oder sonst etwas zanken. In solchen Fällen können sie lernen, weniger zu streiten. Jedes Tier lernt durch angenehme oder bittere Erfahrungen, welche seiner Artgenossen stärker und daher zu respektieren sind, oder welche sich einschüchtern lassen, weil sie schwächer sind. So entsteht die Rangordnung, in der jedes Glied der Gruppe seinen Platz kennt. Einer ist der Despot und beherrscht alle anderen. Der zweite ist allein dem Spitzentier unterlegen, der dritte ist allen überlegen außer den beiden ersten, und so fort. Das gilt für verschiedene Vögel, im Hühnerhof [134—137], für Säugetiere [54, 133] und Fische [67 a, 141].

Auch die Rangordnung verringert die Häufigkeit wirklicher Kämpfe. Wer nicht rasch genug lernt, den ihm Überlegenen aus dem Wege zu gehen, ist im doppelten Nachteil; erstens bekommt er mehr Prügel, zweitens fällt er, solange der Kampf währt, leichter dem Raubzeug zur Beute.

Das Rangordnung stiftende Verhalten hat manche interessante Besonderheiten. Wenn sich ein bescheidenes Dohlenweibchen mit einem Männchen von hohem Stande verlobte, stieg es sogleich zum Range des Bräutigams auf; d. h. alle diesem unterlegenen Tiere achteten jetzt auch sie, obwohl sie ihnen vorher unterlegen gewesen war [96].

Die amerikanische Literatur enthält manche wertvolle Beiträge zur Rangordnungsfrage [1, 2]. Aber viele dieser Arbeiten scheinen in ihr das einzige gesellschaftsbildende Prinzip zu erblicken. Das führt zu schiefen Urteilen; denn außer dem Range gibt es noch viele andere soziale Beziehungen.

V

ANALYSE SOZIALER ZUSAMMENARBEIT

Wiederholung

[72] In den vorigen Kapiteln versuchte ich zu zeigen, daß soziale Gemeinschaft vielerlei Zwecken dient. Paarungsverhalten besteht nicht nur aus der Begattung, sondern es gehen ihr lange Vorspiele voraus. Diese Balz oder Werbung führt die beiden Partner zusammen, bringt die Tätigkeiten beider in den gleichen Rhythmus, überwindet die Abneigung gegen körperliche Berührung sowie alle übrigen paarungsfeindlichen Tendenzen und verhindert artfremde Kreuzungen; endlich muß das Weibchen die Angriffslust des Männchens zähmen. Allen diesen fünf Funktionen dient, wie wir sahen, ein System von Schlüsselreizen, durch welche ein Tier das Verhalten des anderen beeinflussen kann. In der Familie müssen die Eltern ihr Verhalten so aufeinander abstimmen, daß sie sich beim Brüten und Pflegen der Jungen abwechseln. Auch beim Füttern der Brut und beim Warnen vor Feinden gibt es echte Arbeitsteilung, oft unter mehrfachem Austausch von Signalen. Manche Beziehungen überdauern das Familienleben und reichen bis ins Leben in der Gruppe hinüber; und wiederum beruhen sie auf Signalen. Endlich haben wir gesehen, daß Kampf, insbesondere Fortpflanzungskämpfe, auch wenn sie den einzelnen gefährden, doch der Art großen Nutzen bringen: sie verteilen die Individuen im Raum und wirken schädlicher Übervölkerung entgegen. Da ernstliches Kämpfen, so nützlich es sein mag, doch unmittelbar schadet, haben die meisten Tierarten Kampfrituale, die den Schaden so klein wie möglich halten; oft führt bloßes Einschüchtern schon zum Ziel. Jeder Drohritus verringert die Häufigkeit der Kämpfe auf zweierlei Weise: droht der Besitzer eines Revieres, Weibchens, einer Nisthöhle oder dergleichen, so schüchtert er die Wettbewerber ein; droht der Eindringling, so zieht er den Angriff des Besitzers auf sich, der auf diese Art harmlose Besucher unbeachtet läßt. Auch die Erfüllung dieser Funktionen ist durch Schlüsselreize gesichert.

[73] Die Auslöser-Systeme sind in einigen Fällen durchanalysiert [162]. Obwohl hier noch viel zu tun bleibt, kann man schon jetzt ein paar allgemeine Schlüsse ziehen.

Wie wir sahen, erbricht die alte Silbermöwe Futter auf den Boden und nimmt etwas davon in die Schnabelspitze. Die Jungen werden durch den Miau-Ruf der Alten aufmerksam und picken, sichtlich optisch geführt, so oft nach der Schnabelspitze, bis sie das dargereichte Futterstückchen erwischt haben, und schlucken es. Diese akustischen und optischen Signale der Eltern beantwortet das Junge. Bei der folgenden Erörterung solcher Nachrichtensysteme werde ich den Reize Aussendenden als Sender oder Spieler und den die Reize Beantwortenden als Empfänger oder Gegenspieler bezeichnen.

Das Verhalten des Spielers

Die Hauptfrage lautet: Was treibt den Handelnden, zu handeln? Warum ruft die alte Möwe die Jungen und reicht ihnen Futter dar? Wenn wir von uns auf andere schließen, so möchten wir glauben, der Handelnde sähe den Endzweck vor Augen und handele, um ihn zu erreichen. Aber vieles spricht sehr deutlich dafür, daß solche Voraussicht, wie sie unser Verhalten auf rätselhafte Weise weithin mitbestimmt, den Tieren zu allermeist fehlt. Könnten sie vorausdenken, würde solche Einsicht in den Endzweck ihr Handeln lenken, dann blieben alle die Fälle unerklärlich, in denen ein Tier sein Ziel nicht erreicht und trotzdem nichts tut, um dem abzuhelfen. Würden z. B. Alarmlaute nur gegeben, um andere zu warnen, so könnte man nicht begreifen, warum ein Vogel ganz allein ebenso eifrig warnt wie in Gesellschaft. Oder wüßten die Rotschwanz-Eltern, zu welchem Zweck sie brüten und füttern, dann könnten sie gewiß nicht zusehen, wie ihre Jungen, die das Kuckuckskind auf den Nestrand gedrängt hat, sterben müssen. Solches starr uneinsichtige Verhalten, wofür es viele weitere Beispiele gibt, ist stets eine unveränderliche Antwort auf bestimmte äußere und innere Reize. Kein Singvogel kann sein Junges füttern, wenn es nicht bettelt; nur im Nest kann er sie hudern. [74] Und wenn er den Räuber entdeckt, so muß er warnen, auch wenn er allein ist, sich also durch seinen Ruf ganz nutzlos selbst verrät.

Es spricht alles dafür, daß die alte Silbermöwe, starr dem inneren Triebe folgend, die vom Nest und den Jungen ausgehenden Reize beantwortet. Das zeigt sich besonders klar in ihren Reaktionen auf ein totes Junges. Mehr als einmal sah ich Möwen ein Kücken aus

dem Nachbarrevier töten. Solange es noch lebt, verteidigen es beide
Eltern in heller Wut; aber kaum ist es tot, fressen sie es selber auf.
Sie hören es nicht mehr rufen, sehen es nicht mehr laufen und betteln.
Damit ist es nicht mehr Kind, sondern nur noch Futter.

Zweifellos läßt sich das verallgemeinern. Außer vielleicht bei den
höchsten Säugetieren ist alles Handeln unmittelbare Antwort auf
Innen- und Außenreize, ganz anders als bei uns. Die sozialen Äuße-
rungen der Tiere lassen sich mit dem Schreien des Neugeborenen oder
mit den unwillkürlichen Ausrufen und Ausdrucksbewegungen des
Erwachsenen vergleichen, die z. B. seine Angst oder Wut verraten.
Wir wissen, wie weit diese „Affektsprache" unserer Ausdrucksbewegungen von unserer Wortsprache entfernt ist. Die „Sprache" der
Tiere steht auf dem Niveau unserer Affektsprache. [Nur die der
Biene teilt, soweit wir heute wissen, darüber hinaus eine Menge von
Fall zu Fall verschiedener, höchst sachdienlicher Einzelheiten mit.
Sie werden, wie K. v. FRISCH nachwies, genauer verstanden und
befolgt als manche Anweisungen unserer Wortsprache [1]).] Vor allem
aber sind sehr wahrscheinlich alle diese Ausdrucksbewegungen angeboren. Für manche Tiere hat man es bewiesen, indem man sie
einzeln aufzog, so daß sie keinen Artgenossen sehen und nachahmen
konnten [73, 132]. Es kommt hinzu, daß, wie wir bereits wissen, echte
Nachahmung gesehener Bewegung bei Tieren äußerst selten ist. Um
so mehr überrascht es, solch einen erfahrungs- und vorbildlos auf-
gewachsenen Vogel ein Nest bauen, den ersten Artgenossen, dem er
im Leben begegnet, als Rivalen bekämpfen oder ihn anbalzen zu
sehen. Ein Stichling, den ich vom Ei an isoliert aufgezogen hatte,
zeigte das volle Kampf- und das volle Balzverhalten, als ich ihn,
nachdem er geschlechtsreif geworden war, erstmals mit einem Männchen oder einem Weibchen zusammenbrachte. [75] Das ist der zweite
Unterschied der Tier„sprache" von unserer Wortsprache.

In einigen Fällen wissen wir etwas von den Ursachen bestimmter
Verhaltensweisen des Spielers. Immer wieder staunt auch der er-
fahrene Beobachter über die groteske Absonderlichkeit aller tierischer
Riten, sei es nun Balz, Drohen oder irgendeine Ausdrucksbewegung
bei gleich welcher Tierart. Schon lange ist die Grundregel bekannt:
Wo immer auffällige Farbmerkmale zur Schau gestellt werden, dient
die zugehörige Bewegung, sie noch auffälliger zu machen. Kämme

---

[1]) Einfügung des Übersetzers.

werden gehoben, Flügel und Schwänze gefächert, Schnäbel weit geöffnet, wenn sie Schaufarben tragen. Immer kehrt der Schausteller
dem, auf den er Eindruck machen will, seinen Auslöser in maximaler
Ausdehnung zu. Pfau und Truthahn wenden die Breitseite des
Schwanzfächers zum Weibchen, Halskragen, Flügel oder Schwanz [131]
werden frontal oder seitlich gespreizt, immer so, daß der, den es angeht, sie so ausgebreitet wie möglich sieht. Fische [5, 141], die sich gegen-
überstehend androhen, verbreitern durch Spreizen der Kiemendeckel
ihre Vorderansicht; wer im Parallelschwimmen droht, vergrößert die
Breitseite durch Aufstellen aller Flossen. Bewegung und Struktur-
merkmale arbeiten gemeinsam auf möglichst große Auffälligkeit hin.

Darüber hinaus weiß man in mehreren Fällen auch schon, weshalb
die Auslöser gerade diese und keine andere Form haben, so vor allem
beim Drohen und Balzen.

Wie planmäßige Untersuchungen aller Begleitumstände ergaben,
droht ein Tier dann, wenn zwei entgegengesetzte Triebe zugleich in
ihm wach werden, der zum Angriff und der zur Flucht. Besonders
deutlich wird das bei Revierkämpfen: Begegnet ein Reviermännchen
dem Eindringling im eigenen Revier, so greift er an; außerhalb seines
Revieres flieht er. Trifft er ihn gerade auf der Grenze, so ist er
gleichzeitig zum Angriff und zur Flucht gestimmt. Solche „Spannung"
zwischen zwei einander entgegengesetzten Trieben führt zu sogenannten Übersprunghandlungen, in denen sich die gestaute Erregung entlädt [160, 167]. Das Drohen des Stichlings ist solch eine Übersprunghandlung. Wenn zwei Männchen sehr heftig rivalisieren, dann
nimmt der auf dem Kopf stehende Fisch (Abb. 42) bei jedem Ab-
wärtsstoßen Sand ins Maul; er gräbt eine Nestmulde aus. Flucht-
und Angriffstrieb, die einander entgegengesetzt sind und die ihnen
zugehörigen Handlungen wechselseitig ausschließen, entladen sich in
dieser Instinktbewegung, die keinem der beiden Triebe entspricht. [76]
Viele Tiere zeigen an der Reviergrenze Übersprunghandlungen, aber
jede Art eine andere (Abb. 49). Stare und Kraniche putzen ihr Gefieder, Meisen [61] machen Pickbewegungen, manche Sumpfvögel nehmen
— mitten im Kampf — die Schlafstellung ein.

Beim Stichling ist jedoch die Drohstellung nicht bloßes Übersprunggraben; meist kehrt er dabei noch dem Gegner seine Breitseite zu und stellt einen oder zwei Bauchstacheln auf. Dieser Ver-
haltensanteil paßt zu den aktivierten Trieben; es sind Verteidigungs-
maßnahmen. Jeder Stichling tut das, wenn er von einem Rivalen

oder z. B. dem Hecht in die Enge getrieben wird und nicht mehr
fliehen kann, sondern sich zur Wehr setzen muß. Auch der Angriffstrieb ist im Drohverhalten deutlich zu erkennen: das drohende

Abb. 49. Verschiedene Übersprungbewegungen mit Drohfunktion: links oben: Grasrupfen (Über-
sprungnisten) der Silbermöwe (nach TINBERGEN 1951); rechts oben: Übersprungschlafen des Säbelschnäblers (nach MAKKING 1936); links unten dasselbe beim kämpfenden Austernfischer (nach
TINBERGEN 1951); rechts unten: Übersprungpicken bei kämpfenden Haushähnen
(nach TINBERGEN 1951)

Männchen beißt viel heftiger in den Sand als beim Ausheben der
Nistgrube, ganz ähnlich wie im echten Angriff; [77] er beißt so in
den Sand, wie er den Gegner beißen würde, wenn er „sich nur traute".
    Eine ähnliche Drohweise haben die Silbermöwen. Wie im ersten
Kapitel beschrieben, ist das Grasausrupfen, mit dem sie drohen, Über-
sprungnisten. Es sieht anders aus als wirkliches Aufsammeln von
Nistmaterial; die drohende Möwe pickt weit heftiger in den Boden
als beim Abreißen von Halmen für das Nest. Auch mißt sie sich an
Wurzeln, festsitzenden Grasbüscheln und dergleichen, und zieht
daran aus Leibeskräften, genau so wie sie im Kampf ihren Gegner
beuteln würde.
    Solche Übersprunghandlungen treten nur bei sehr hoher Konflikt-
spannung auf. Sind beide Triebe weniger stark und nicht so gleichzeitig aktiviert, dann setzt sich das Drohen meist aus Verhaltens-
anteilen der beiden zugehörigen Instinkte zusammen. Stichlinge
prellen vor, greifen aber nur verhältnismäßig leicht oder gar nicht
an und ziehen sich schleunigst wieder zurück. Die Silbermöwe vereinigt Elemente, die beiden Trieben zugehören, in einer Drohhaltung:
der ausgestreckte Hals, der abwärtsweisende Schnabel und das Flügel-

heben sind Teile des Kampfverhaltens, Vorbereitung für Schläge mit dem Schnabel und den Flügelbugen. Nahe beim Gegner aber deutet das Zurückziehen des Halses Fluchtneigung an. Diese „aufrechte Drohstellung" ist also intendierter Angriff, dem das Bestreben zurückzuweichen die Waage hält.

Auch Balzbewegungen treten im Triebkonflikt auf, aber hier liegen die Dinge anders. Stets ist der Geschlechtstrieb beteiligt, oft aber verhindert sich zu entfalten. Wie wir sehen, gehen dem Geschlechtsakt oft Riten voraus, in denen beide Partner einander abwechselnd das Stichwort geben. Immer wenn einer vergebens die Signalhandlung des anderen erwartet, bricht die Handlungskette ab. So wird das Tier seinen aufs höchste gesteigerten Geschlechtstrieb nicht los, und eine Übersprunghandlung ist die Folge. Die Bewegung, durch die das Stichlingsmännchen dem Weibchen den Nesteingang zeigt, ist nachweislich solch eine Übersprunghandlung; sie wird so lange fortgesetzt, wie die Geduld des Männchens ausreicht, um auf das Einschwimmen des Weibchens ins Nest zu warten. [78] Ebenso ist der Schnauzentriller, der das Ablaichen des Weibchens auslöst, eine Übersprunghandlung des aufs äußerste geschlechtserregten Männchens; denn es kann ja sein Sperma nicht ausstoßen, ehe das Weibchen seine Eier legt. Sowohl das Nesteingang-Zeigen wie der Schnauzentriller sind Übersprungfächeln. Das echte Fächeln, die Flossenbewegung, mit der das Männchen einen Wasserstrom ins Nest wirft, um die Eier zu lüften, gehört zur Brutpflege [63a].

Dagegen entspricht der Zickzacktanz des Stichlingmännchens zwei Trieben, die das Weibchen im Männchen aktiviert: sie reizt ihn, sie anzugreifen, aber zugleich reizt sie ihn auch, sie zum Nest zu führen, also zu einer Sexualhandlung. Jedes „Zick" ist nachweislich Führungs-, jedes „Zack" ist Angriffsintention [169]. Im Zickzacktanz sind also zwei Intentionsbewegungen zusammengefügt, deren eine dem Angriffstrieb, die andere dem Geschlechtstrieb zugeordnet ist.

Diese wenigen Beispiele zeigen, daß zumindest manche Auslöser Bewegungen sind, die sich von anderen Verhaltensweisen ableiten. Entweder sind sie aus Teilhandlungen kombiniert, die zu den beteiligten Trieben gehören und gleichzeitig aktiviert sind, oder Übersprungbewegungen, die ganz anderen Verhaltensweisen zugehören. Obwohl erst wenige Arten in solcher Weise analysiert wurden, ist es schon heute wahrscheinlich, daß die meisten auslösenden Bewegungen in diesem Sinne abgeleitete Bewegungen sind. Aus Gründen, die wir im achten Kapitel behandeln, kann man ihre genaue Herkunft nicht immer auf den ersten Blick erkennen; dazu bedarf es oft eingehender vergleichender Untersuchungen.

Das Verhalten des Gegenspielers

Das Verhalten dessen, der die Auslösehandlungen beantwortet, ist ebenfalls angeboren. Das Silbermöwenkücken zielt schon seinen ersten Pickschlag auf die Schnabelspitze des fütternden Altvogels, ohne es erst lernen zu müssen. Das einzeln erfahrungslos aufgezogene Stichlingsmännchen antwortet anderen Männchen mit Kampf, den Weibchen mit Werbung. Das kann es unmöglich gelernt haben; nicht nur die Fähigkeit, diese Bewegungen auszuführen, ist angeboren, sondern auch das Ansprechen auf ganz bestimmte auslösende und richtende Reize.

[79] Diese Fähigkeit, auf Auslöser zu antworten, hat man in manchen Fällen sorgfältiger untersucht; einige Ergebnisse lernten wir bereits in früheren Kapiteln kennen. Jetzt wollen wir etwas genauer auf die Bettelreaktion des Silbermöwenkückens eingehen; denn hier kennen wir die Reize, auf die das Kücken antwortet [174]. Man kann das Betteln beim erfahrungslosen Neugeborenen auslösen, indem man ein flaches Pappmodell des Elternkopfes vor ihm bewegt. Das Kücken pickt danach ebenso wie nach einem echten Kopf (Tafel 6, bei S. 96 unten). Der Unterschnabel der alten Silbermöwe trägt an seiner Spitze einen roten Fleck, der sich sehr kräftig gegen das Gelb des Schnabels abhebt. Auf eine Attrappe ohne roten Fleck antwortet das Kücken viel schlechter als auf die „normale" mit Fleck (Abb. 50). Bot man den Kücken beide Modelle abwechselnd, so pickten sie nach dem gefleckten durchschnittlich viermal so oft wie nach dem ohne Fleck.

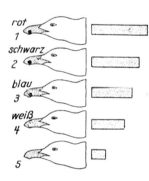

Abb. 50. Kopfattrappen von Silbermöwen mit verschiedenfarbigem Unterschnabelfleck (1—4) bzw. ohne Fleck (5). Die Rechtecke geben an, wie oft erfahrungslose Kücken danach pickten (nach TINBERGEN und PERDECK 1950)

Attrappen mit einem Fleck von anderer Farbe lösten mittlere Anzahlen von Pickschlägen aus, um so höhere, je besser sich der Fleck von der Farbe des Schnabels abhob. Durch ebensolche Vergleiche der Pickhäufigkeit bei verschiedenen Modellen wurde der Einfluß des

Schnabelgelbs untersucht. Wider alles Erwarten erwies sich die Schnabelfarbe als völlig gleichgültig; nur ein roter Schnabel war doppelt so wirksam wie jede andere Farbe (Abb. 51). Der natürlich gefärbte Schnabel löste nicht mehr Antworten aus als der weiße, schwarze, grüne oder blaue. Ebensowenig machte die Farbe des Kopfes aus; man hätte erwartet, [80] der weiße Kopf müßte mehr Pickschläge erzielen als ein schwarzer oder grüner, aber das ist nicht der Fall. Auch auf die Kopfform kommt es nicht an; ja es schadete kaum etwas, wenn gar kein Kopf da war, sondern nur ein Schnabel. Dabei können die Kücken den Kopf gewiß sehr gut sehen, denn manchmal picken sie nach der Schnabelwurzel oder gar nach den roten Augenlidern des Elters. Wenn sie hungrig sind, dann gibt es nur eines für sie, worauf alles

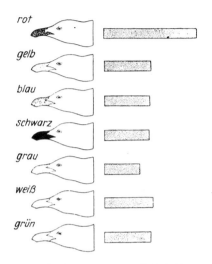

Abb. 51. Kopfattrappen mit verschiedenfarbigen Schnäbeln. Rot erzielt die meisten Pickschläge, auch mehr als gelb (nach TINBERGEN und PERDECK 1950)

ankommt: den Elternschnabel mit der roten Spitze. Ferner muß der Schnabel lang und dünn sein, abwärts weisen, so nah am Kücken und so tief wie möglich sein. Aber das ist denn auch die ganze Liste; alles andere ist dem Kücken gleichgültig. Es ist erstaunlich, wie gut Farbe und Verhalten der Eltern dazu passen, wie genau sie alle „Erwartungen" des Kückens erfüllen. Der Alte geht dem Kücken entgegen, bietet seinen Schnabel fast senkrecht dar, zeigt mit der Spitze abwärts und hat einen roten Fleck darauf. Wie wunderbar diese Übereinstimmung zwischen den Merkmalen des Elters und den Reizen ist, auf die das Kind reagiert, das ermißt man erst, wenn man bedenkt, daß das Kücken weder „wissen" kann, wie seine Eltern aussehen, noch auch wie sie sich verhalten.

Auch bei vielen anderen ähnlich untersuchten Tieren hat sich herausgestellt, daß der Gegenspieler, genau wie das Silbermöwenkücken, auf einige wenige von all den vielen Reizen antwortet, die der Spieler aussendet. Wie wir sahen, wirkt die rote Brust des Rotkehlchens stärker kampfauslösend als jedes andere Körpermerkmal, und ebenso die rote Bauchseite des Stichlingsmännchens. Der „Schnurrbart" des Flicker-Männchens (Abb. 45) sticht alle anderen Geschlechtsmerkmale aus, und so fort. [81] Alle solche Farben, Formen, Rufe und Bewegungen haben anscheinend nur eine Aufgabe: beim Partner die passenden Reaktionen auszulösen. Als erster hat Konrad Lorenz [98] klar ausgesprochen, daß soziales Handeln oft durch Merkmale ausgelöst wird, die eigens dazu ausgebildet zu sein scheinen, und solche Merkmale hat er Auslöser genannt. Er führt diesen Begriff mit folgenden Worten ein (S. 143): „Merkmale, die dem Individuum einer Tierart zukommen und auf welche bereitliegende Auslöseschematen von Artgenossen ansprechen und bestimmte Triebhandlungsketten in Gang bringen, habe ich anderen Ortes kurz als A u s l ö s e r bezeichnet. Diese Merkmale können ebensowohl körperliche Organe, als auch bestimmte auffallende Verhaltensweisen sein. Meist sind sie eine Vereinigung von beiden. Die Ausbildung aller Auslöser schließt ein Kompromiß zwischen zwei biologischen Forderungen: Möglichster Einfachheit und möglichst genereller Unwahrscheinlichkeit". — Und S. 377: „O r g a n e und I n s t i n k t h a n d l u n g e n , die ausschließlich der Aussendung von Schlüsselreizen dienen, erreichen eine hohe Spezialisation, stets parallel mit der Entwicklung entsprechender, für sie bereitliegender auslösender Schematen. Wir bezeichnen solche Organe und Instinkthandlungen kurz als Auslöser".

Die Tatsachen, die eine wachsende Zahl von Verhaltensforschern zusammentragen, sprechen offenbar im wesentlichen zugunsten von Lorenz' Annahme. Erst in wenigen Fällen ist sie wirklich bewiesen, und viel ist noch zu tun; aber im ganzen scheint das Auslöserprinzip trefflich geeignet, den Mechanismus sozialen Zusammenspiels verständlich zu machen. Die folgende Übersicht ordnet die Auslöser nicht nach den Aufgaben, die sie erfüllen, sondern nach den Sinnen, auf die sie wirken.

Die Auslöser

Bei Tieren mit wohlentwickelten Hörorganen wirkt oft der Schall als Auslöser. Wie wir sahen, locken viele Männchen ein Weibchen durch besonders laute Rufe an, die wir Menschen, wenn sie nach unserem Geschmack schön erklingen, des Ehrentitels Gesang würdigen. Ob und wieweit er als Auslöser wirkt, darüber wissen wir wenig Genaues, und es wäre überaus lohnend, die vielen verfügbaren Aufnahmen von Vogelgesängen zu solchen Versuchen zu verwenden. Wahrscheinlich kommen dem Meckern der Bekassine (Abb. 52), dem Triller des Ziegenmelkers, dem Trommeln des Spechtes ganz bestimmte Auslösefunktionen zu, aber noch niemand hat danach gesucht.

[82] Auch bei Fröschen und Kröten erfüllt der „Gesang" dieselben Aufgaben. Jeder kennt das Quaken des männlichen Wasserfrosches oder der Erdkröte. In den Subtropen und Tropen gibt es noch viel

Abb. 52. Bekassine, mit den vibrierenden äußersten Schwanzfedern meckernd

mehr laute Arten, und manche von ihnen rufen melodisch, wie z. B. auch unsere Unken, so daß man ihre Darbietung schon eher Gesang nennen möchte als die rauhen Laute unserer Frösche. Wir müssen noch viel lernen, ehe wir über die Funktion dieser Lurchgesänge und -rufe Genaueres aussagen können.

Daß das Zirpen der Heuschrecken und Grillen dieselben Aufgaben erfüllt wie der Vogelgesang, das ist experimentell gesichert; aber wozu die Laute all der anderen Insekten dienen mögen, davon wissen wir so gut wie nichts. Ein balzendes Heuschreckenmännchen hat, wie A. Faber und W. Jacobs feststellten, ein oder mehrere arteigene Lieder und Rufe. Auch die Zikaden, Ameisen und viele andere erzeugen artspezifische Laute, doch wissen wir nichts Näheres über deren Bedeutung.

Chemische Schlüsselreize, die auf den Geruchssinn wirken, sind sehr häufig, aber man weiß erst in wenigen Fällen, wozu sie dienen. Wie schon erwähnt, locken viele Schmetterlingsweibchen durch ihren Duft Männchen an, und Säugetiere markieren ihre Reviergrenzen mit Duftstoffen. [83] Männliche Gerüche machen das Weibchen paarungsbereit; das ist die Bedeutung z. B. der sogenannten Duftschuppen des Samtfaltermännchens (Abb. 9, 53). Die Balz gipfelt in seiner Verbeugung (Abb. 10, S. 14) vor dem Weibchen; er fängt die

Abb. 53. Zwei gewöhnliche Schuppen und eine Duftschuppe des Samtfaltermännchens (nach Tinbergen und Mitarbeitern 1942)

Fühler des Weibchens so zwischen den zusammenklappenden Vorderflügeln ein, daß die weiblichen Geruchsorgane genau auf den männlichen Duftfeldern liegen. Wenn man von diesen die Schuppen ab-
bürstet und die Stümpfe mit Schellack bepinselt, so kopuliert solch ein
Männchen weniger erfolgreich als normale oder solche, denen man
zur Kontrolle ebensoviel Schellack auf andere Flügelstellen auf-
getragen hat[171].

Auch Berührungsreize wirken im sozialen Zusammenspiel mit.
Hat ein Stichlingsmännchen das Weibchen zum Nest geführt, so
schwimmt sie hinein und ist laichbereit; damit sie aber wirklich
ablaichen kann, ist der
Schnauzentriller des
Männchens als taktile
Reizung unerläßlich.

Besonders wichtig
sind taktile Reize in
der Paarung der Wein-
bergschnecke (Abb. 54).
Als Zwitter werben
sie übers Kreuz um-
einander. Eine Reihe
bestimmter Haltungen
und Bewegungen führt

Abb. 54. Weinbergschnecken in der Paarung. Rechts ein Liebespfeil seitlich und quer (nach MEISENHEIMER 1921)

zur Begattung. SZYMANSKY[151] konnte das volle Paarungsverhalten
auslösen, indem er die Reize, die im Normalfall die Schnecke auf
ihren Partner ausübt, durch leichtes Berühren [84] mit einem Pinsel
in rechter Reihenfolge und an den richtigen Stellen darbot[92]. Diese
taktile Balz erreicht ihren Höhepunkt in einem äußerst drastischen
Reiz: jeder der Partner bohrt dem anderen den Liebespfeil, einen
spitzen Kalkdolch (Abb. 54), in den Leib, und das löst die Begattung aus.

Wie erwähnt, drohen viele Fische mit Bewegungen, welche Wasser-
ströme hervorrufen, die die Seitenlinienorgane des anderen erregen.
Diese mechanischen Reize stehen den taktilen nahe, sind aber von
eigener Art.

In der Balz der Molch-Arten wirken Gesichts-, Berührungs- und
Geruchsreize zusammen[105, 122 a, 173, 184]. Das Männchen des Streifen-

molchs faßt vor dem Weibchen Fuß, stellt seinen Kamm auf und wendet ihr seine Breitseite zu (Abb. 55). Dann wirft er ihr plötzlich durch einen heftigen Sprung einen starken Wasserstrom entgegen, der sie oft zur Seite stößt. Darauf stellt er sich ihr gegenüber, biegt den Schwanz haarnadelförmig und wedelt mit dessen vorwärts weisender Spitze, so daß ein sanfter Wasserstrom, wahrscheinlich mit Geschlechtsduft versetzt, zum Weibchen geht (Abb. 56). Kommt sie ihm daraufhin entgegen, so macht er kehrt und

Abb. 55. Optische Imponierphase des Kammolches (nach TINBERGEN und ter PELKWIJK 1938)

kriecht vor ihr davon. Nach einer Weile hält er inne, bis sie aufgeschlossen hat und seinen Schwanz berührt. Dann setzt er eine Spermatophore ab, die das Weibchen mit der Kloake aufnimmt. Auch

Abb. 56. Kammolchmännchen schickt dem Weibchen einen Wasserstrom entgegen (nach TINBERGEN und ter PELKWIJK 1938)

hier bleibt die naheliegende Vermutung experimentell zu prüfen, ob die erste Bewegung des Männchens ein optischer, [85] die zweite ein taktiler Auslöser ist und ob die dritte chemische Schlüsselreize sendet.

Am besten bekannt sind optische Auslöser, obwohl auch hier das meiste noch zu tun bleibt. In den obigen Beispielen waren Bewegung, Farbe und Form beteiligt. Bei manchen Arten steht die Bewegung im Vordergrund, z. B. in den Balz- und Drohgebärden der Silbermöwe, bei anderen die Farbe, wie es der rote Bauch der Stichlingsmännchens und der rote Unterschnabelfleck der Silbermöwe belegten. Meist wirkt beides zusammen: immer ist die Bewegung so geartet, daß sie die Farb- und Formmerkmale, auf die der andere reagiert, ihm so eindrucksvoll wie möglich vorführt. Ob sich dabei die Bewegung dem Form- und Farbmerkmal angepaßt hat, oder umgekehrt die Struktur der Bewegung, oder ob drittens beides gleichzeitig zueinander strebte, diese stammesgeschichtliche Frage werde ich im achten Kapitel behandeln.

Zusammenfassung

Soweit unser heutiges Wissen ein Urteil zuläßt, scheint soziales Zusammenspiel hauptsächlich auf einem System von Auslösern zu beruhen. Die Bereitschaft des Spielers, diese Auslösehandlungen durchzuführen, ist angeboren; ebenso sind dem Gegenspieler die Antworthandlungen angeboren. Auslöser scheinen immer auffällig und zugleich verhältnismäßig einfach zu sein. Das ist wichtig, weil wir aus anderen Arbeiten wissen, daß die Reize, welche angeborenes Verhalten auslösen, immer einfache „Schlüsselreize" sind. So hat es den Anschein, als seien die Strukturen und Verhaltensanteile, die als Auslöser wirken, dazu angepaßt, Schlüsselreize abzugeben. Überdies sind Auslöser, die artentrennend wirken, hochspezifisch, d. h. deutlich verschieden von den entsprechenden Auslösern anderer Arten. Diese Wirkung läßt sich nicht immer mit nur einem Auslöser erreichen, sehr wohl aber mit mehreren, insbesondere wenn sie in einer ganz bestimmten Weise aufeinander folgen. Je mehr Federn ein Schlüssel aufriegeln muß, um so schwerer ist es, ihn nachzumachen. Immerhin beruht nicht jede Mitteilung auf Auslösern allein; es kann z. B. Erlerntes hinzukommen. Während ein Tier anfangs auf die Auslösehandlungen jedes Artgenossen reagiert, lernt es später einen bestimmten oder mehrere persönlich kennen und antwortet hinfort nur noch ihnen, [86] z. B. anfangs jedem Weibchen, später nur noch seiner Frau.

Manchmal antwortet der Gegenspieler sofort mit einfachen Reaktionen, oft aber wird er nur innerlich umgestimmt; dann verändern die Signale seine Haltung und machen ihn bereit, verwickeltere und stärker wechselnde Handlungen auszuführen.

So zeigt es sich, daß das Leben einer Gesellschaft von den Eigenschaften ihrer Glieder abhängt. Jeder einzelne ist bestrebt, die Schlüsselreize zu senden, auf die der Empfänger „richtig" antwortet; andrerseits „versteht" jeder die Art-„sprache". In diesem Sinne ist der Verband durch seine Glieder bestimmt.

Nun behaupten aber manche Soziologen und Philosophen, die Anforderungen des Verbandes entschieden über den einzelnen; auf den ersten Blick scheint das das genaue Gegenteil des obigen Satzes zu sein. In Wahrheit sind beide Behauptungen richtig, die erste im physiologischen Sinne, die zweite vom Standpunkt der Stammesgeschichte. Verhalten sich die Glieder abnorm, so leidet die Gemeinschaft Not. Zweifellos bestimmen in diesem Sinne die Glieder den Verband. Andrerseits aber überleben nur Gruppen tauglicher Individuen; Verbände aus abnormen Gliedern sind im Nachteil und unterliegen im Wettbewerb. Solche Gruppenauslese führt zu immer besserer Zusammenarbeit der Glieder, und in diesem Sinne entscheidet letzten Endes die Gruppe durch ihr Angepaßtsein über die Merkmale ihrer Glieder. Dasselbe läßt sich vom Individuum und seinen Organen sagen. Gewiß ist das Individuum durch seine Organe insofern bestimmt, als ein Funktionsfehler eines Organs das Leben des Individuums gefährdet. Andrerseits greift die Auslese am Individuum an, d. h. am Ergebnis des Zusammenwirkens aller seiner Organe; nur der überlebt, dessen Organe richtig zusammenwirken. So bestimmt der Lebenserfolg des Individuums, auf lange Sicht, seine Organe.

VI

BEZIEHUNGEN ZWISCHEN VERSCHIEDENEN ARTEN

[87] Im vorigen Kapitel haben wir gesehen, daß sich Artgenossen oft durch Auslöser untereinander verständigen. Einer sendet Signale, die der andere beantwortet. Solche Auslöser-Beziehungen sind nun keineswegs allein auf Artgenossen beschränkt. Vielmehr signalisieren in vielen Fällen Angehörige verschiedener Arten miteinander. Einige Beispiele seien hier besprochen.

Wir müssen zwei Hauptfälle unterscheiden: 1. Viele Arten haben Merkmale entwickelt, deren Aufgabe es ist, bei Angehörigen einer anderen Art eine Antwort hervorzurufen. 2. Viele andere Arten sind in der entgegengesetzten Richtung spezialisiert; sie tun alles Mögliche, um „nicht aufzufallen"; genauer gesagt, sie vermeiden es, ihre Feinde auf sich aufmerksam zu machen und deren Beutehandlungen auszulösen.

Das Auslösen von Reaktionen

Ein besonders schönes Beispiel sind die Blütenfarben, mit denen die Blumen Insekten anlocken, um sich von ihnen bestäuben zu lassen. Wir kennen heute, vor allem durch Arbeiten deutscher Autoren, wundervolle Anpassungen vieler Blüten an sie bestäubende Insekten [42, 45, 46, 64, 69, 70, 79, 91, 138]. Die Farbe ist ihr wichtigster Auslöser. Seit von FRISCH die Behauptung C. von HESS' widerlegte, die Bienen seien farbenblind, und vielmehr nachwies, daß sie die Blütenfarben ausgezeichnet unterscheiden, hat man dasselbe für Hummeln, Fliegen, Groß- und Kleinschmetterlinge bestätigt gefunden. Man kann Honigbienen leicht auf Gelb oder Blau dressieren, indem man ihnen ein Schälchen Zuckerwasser auf ein Farbpapier stellt. Zum Versuch nimmt man das Zuckerwasesr weg und legt eine ganze Serie von Farbpapieren aus, [88] dazu eine fein abgestufte Grauserie. Die Bienen setzen sich nur auf die Farbe, auf die sie dressiert sind [39]. Diese

Tafel 5
Junge Silbermöwe in Demutstellung
Eine „Krippe" Königspinguine in Südgeorgien

einfache, durch eine Unzahl von Kontrollversuchen gesicherte Methode beweist, daß Bienen Farben unterscheiden.

Auch an den Blumen selbst läßt sich das bestätigen. So stellte KNOLL fest, daß Bienen, die die gelben Blüten von *Helianthemum* besuchten, gelegentlich auch auf anderen gelben Blumen landeten. Wenn er *Helianthemum*blüten die gelben Blumenblätter ausriß und, was übrig blieb, samt Nektar und Pollen unversehrt ließ, beachteten die Bienen sie nicht, besuchten sie aber gleich wieder, wenn er den Blüten gelbe Papierblättchen anheftete. Ähnliche Versuche machte er mit dem Wollschweber. Als er zwischen die blaublühenden Traubenhyazinthen 14 graue und zwei blaue Papiere in Schachbrettanordnung auslegte, besuchten die Wollschweber auf ihrem Blütenflug nur die blauen Papiere, aber kein einziges graues (Abb. 57).

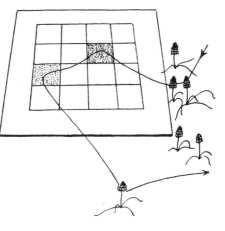

Abb. 57. Flugbahn eines Wollschwebers beim Besuch von Traubenhyazinthen und blauen Papieren (nach KNOLL 1926)

Viele Pflanzen haben rund um die Blüte bunte sogenannte Hochblätter, [89] die, ohne zur Blüte zu gehören, deren Schauwert beträchtlich erhöhen. Der Salbei, eine häufige einjährige mediterrane Gartenpflanze, hat einen Schopf aus dunkelvioletten Hochblättern, die viel auffälliger sind als die kleinen blaß hellvioletten Blüten. Im Mittelmeergebiet fliegen die Bienen auf den Schopf zu und dann, ohne zu landen, sogleich zu den Blüten hinab (Abb. 58). In Prag dagegen, wo die Pflanze nur im Botanischen Garten stand, kannten sich die Bienen nicht aus. Auch sie wurden vom Schopf angezogen, aber sie landeten dort und suchten lange vergeblich zwischen den Hochblättern herum, bis sie zufällig weiter unten auf Blüten stießen.

Ein unerwartetes Ergebnis hat der oben beschriebene Schachbrettversuch mit Insekten, die den wilden roten Mohn besuchen. Hummeln z. B., die offensichtlich stark von den Mohnblüten angezogen werden, kommen nicht auf die roten Papiere, die man daneben auslegt. Sie reagieren nämlich nicht auf die rote Farbe des Mohnes, sondern sind rotblind wie viele andere Insekten auch und sehen schwarz, was uns rot erscheint; man könnte sagen, Rot ist für sie „Infragelb". Dagegen sprechen sie, wie auch die Biene, auf Ultraviolett an, welches der Mohn reflektiert. Insekten sehen nicht nur Ultraviolett weit über unsere Sichtbarkeitsgrenze am kurzwelligen Ende des Spektrums hinaus, sondern unterscheiden es auch als besondere Farbe von allen anderen Farben. So ist das Mohnrot wohl keine Anpassung an Insekten, aber das vom Mohnblüten-

Abb. 58. Flugbahn einer durch die violetten „Kron"-blätter von *Salvia horminum* angelockten Honigbiene (nach KNOLL 1926)

blatt zurückgeworfene Ultraviolett ist biologisch bedeutsam. In unserer Flora sind rein rote Blüten äußerst selten; was wir da rot nennen, ist meist Purpur, d. h. eine Mischung von rot und blau, und nur auf den Blauanteil reagieren diese Insekten.

Dagegen gibt es viele rein rote Blüten in Ländern mit blumenbestäubenden Vögeln; z. B. blühen von Kolibris besuchte amerikanische Blumen feuerrot; [90] manche leuchtend rote Beeren an unseren Bäumen und Sträuchern werden von Vögeln verzehrt, was wahrscheinlich die Keimfähigkeit der Samen erhöht und sie verbreiten hilft.

Viele Blüten haben sogenannte Saftmale, Punkt- oder Streifenmuster auf der Blütenkrone, die von der Anflugstelle zum Nektar führen. In einigen Fällen ist die Leitwirkung bewiesen [9], [91]. Der Frauenflachs hat auf der Unterlippe einen dunkelorangefarbigen Fleck,

Abb. 59. *Linaria vulgaris* mit ihren orangefarbenen Saftmalen (nach KNOLL 1926)

dicht unter dem Eingang zum Blütenrohr (Abb. 59). Der Taubenschwanz, ein Schmetterling mit so langer Zunge, daß er aus der Tiefe des Sporns Nektar trinken kann, zielt mit der Zungenspitze genau auf das Saftmal; so findet er sicher den Eingang. Die

Richtwirkung radiärer Streifen, die zum Eingang führen, haben
KNOLL und KUGLER in Versuchen mit künstlichen Blumen nachgewiesen (Abb. 60).

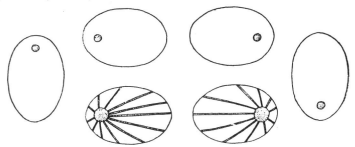

Abb. 60. Blumenattrappen mit Saftmalmodellen. Anfliegende Taubenschwänze betrommeln die
punktierten Kreisflächen (nach KNOLL 1926)

Außer den Farben locken auch Blütendüfte Insekten an, die je
nach ihrer Art verschieden darauf reagieren. [91] Honigbienen und
Hummeln werden von weitem durch
die Farbe angezogen; deshalb kann
man sie leicht zu bunten Papieren hin-
locken. Die sehen sie sich gut an, setzen
sich aber nur selten darauf, sondern
fliegen auf gut einen Zentimeter Abstand davon. Aber wenn man Blütenduft daraufgibt, setzen sie sich gleich;
denn in der Nähe prüfen sie ihre
Nahrungsquelle vor allem nach dem
Geruch [39, 69, 91].

Manche Schmetterlinge reagieren in
anderer Weise auf Blütenduft. Er ruft
sie nur zur Nahrungssuche auf, ohne
jedoch ihren Flug zur Duftquelle zu
richten; das besorgen auch hier die
Farben, besonders Gelb und Blau.

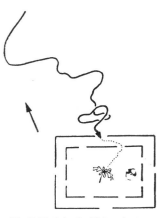

Abb. 61. Flugbahn des Kiefernschwärmers
zum Duft von versteckten Jelängerjelie-
ber-Blüten. Der große Pfeil zeigt die
Windrichtung an

Dagegen lockt allein der starke Duft,
den viele Blumen ausströmen, wenn sie sich spät abends öffnen, Nachtschmetterlinge aus der Ferne zu ihnen hin. Als ich Je-länger-je-lieber-
Blüten in einem Holzkasten mit Schlitzen im Deckel versteckt hatte
(Abb. 61), so daß sie unsichtbar waren, aber ihr Duft sich frei aus-
breiten konnte, kamen Kiefernschwärmer angeflogen, die den Kasten

noch aus neun Meter Entfernung riechen konnten. Sie flogen zickzack und im Kreise um die Duftquelle und fanden bald ihren Weg zum Ziele. KNOLL, der die optischen Reaktionen mehrerer Schwärmer untersuchte, fand, daß sie Blütenfarben auch noch bei Dämmerlicht erkennen, bei dem wir schon farbenblind sind.

Als letztes Beispiel für die mannigfachen Beziehungen zwischen Blumen und Insekten seien die Fallenblüten erwähnt, z. B. der auch bei uns heimische Aronstab [69] (Abb. 62). [92] Der Blütenstand steckt in einem großen Hüllblatt, der Spatha. Aus ihr ragt der „Stab" heraus, dessen fauliger Duft vielerlei Insekten anlockt. Wenn sie auf dem Stab oder der Innenseite der Spatha landen, die beide gleich glatt sind, stürzen sie sofort in die Kesselfalle. Der Engpaß darüber trägt einen Kranz von Reusenhaaren, die die größeren Insekten aufhalten und entkommen lassen; die kleinen aber fallen durch und gleiten, wenn sie zu entweichen versuchen, von der glatten Wand und den schlüpfrigen Haaren ab und stürzen immer wieder ins Verlies hinab. So bleibt ihnen nichts übrig, als unausgesetzt auf der Mittelsäule im Kessel, dem Blütenstand, herumzulaufen. Am ersten Tag sind die männlichen Blüten (♂) noch geschlossen; aber die darunter stehenden weiblichen (♀) sind offen und reif zum Bestäuben. Da die Besucher nur einen Tag lang gefangen sind und da sie von einem Aronstab zum nächsten fliegen, werden manche Gefangene schon *Arum*-Pollen tragen. Sobald die weiblichen Blüten bestäubt sind, wird die Fallen-

Abb. 62. Längsschnitt durch die Blüte des Aronstabes mit männlichen (♂) und weiblichen (♀) Blüten in der Falle; Sp = spatha (nach KNOLL 1926)

wand, weil ihre Zellen schrumpfen, so rauh, daß alle Insekten entkommen können. Aber zuvor haben sich schon die männlichen Blüten geöffnet, so daß die Entkommenden Pollen tragen und ihn unter Umständen in der nächsten Falle abliefern.

So haben die Pflanzen allerlei Mittel entwickelt, um Insekten anzulocken und sie so zu führen, daß Kreuzbestäubung gesichert wird. Manche Insekten reagieren angeborenermaßen auf diese Reize, z. B. Hummeln und Schwärmer auf Farben, und wahrscheinlich viele andere auch. Aber ebenso sicher wissen wir, daß Honigbienen,

Hummeln und andere lernen können, sich bald auf diese, bald auf jene Pflanzenart zu spezialisieren. Wie hier Ererbtes und Erlerntes im einzelnen zusammenwirken, [93] ist noch nirgends vollkommen klar, aber manch eine schöne Arbeit ist schon im Gange, die weiterer Forschung den Weg weist.

Diese Beziehungen zwischen mehreren Arten sind ebenso gegenseitig wie diejenigen innerhalb einer Art. Beide Seiten haben ihren Vorteil von der Zusammenarbeit. Aber es gibt auch Auslöser, die nur einseitig wirken; und da sie in verschiedener Hinsicht recht aufschlußreich sind, wollen wir einige Fälle kurz besprechen.

Die Lophiiden, von denen eine Art, der Anglerfisch, in der Nordsee lebt, haben einen Auslöser entwickelt, der kleinere Fische ins Verderben lockt. Der Angler selbst ist vorzüglich getarnt. Auf dem Kopfe trägt er eine kleine Fahne, die so aussieht und sich so bewegt wie ein Tierchen, welches bei kleinen Fischen Beutehandlungen auslöst. Schwimmen sie diesem Köder entgegen bis in die Reichweite des *Lophius*, dann schnappt der zu und verschlingt den Kleinen [180]. Der Anglerfisch hat also einen Auslöser entwickelt, auf den seine Beute anspricht wie die Forelle auf die künstliche „Fliege" menschlicher Sportangler; aber die Beutearten haben sich nicht auch dem *Lophius* angepaßt.

Die Blüten einiger Orchideen, vor allem der Gattung *Ophrys*, sehen gewissen Bienenarten ähnlich. Deren Männchen fliegen die *Ophrys*blüten nicht um der Nahrung willen an, sondern versuchen, sie zu begatten, und bestäuben sie dabei [4]. Da ihre Paarungshandlungen durch Form- und Farbreize ausgelöst werden und, soweit bekannt, durch weiter nichts, werden sie von den Blüten genasführt. Auch diese Anpassung ist einseitig.

Wahrscheinlich sind auch die sogenannten Täuschungskleider [146 a] mancher Tiere solch einseitige Auslöser. Bei mehreren Fischarten ist das Auge, das auffälligste Merkmal des Tierkopfes, mitten in einem schwarzen Band versteckt. Der tropische *Chaetodon capistratus* (Abb. 63) hat zudem an seinem entgegengesetzten Körperende dicht über der Schwanzwurzel einen großen Augenfleck und, um die Täuschung vollkommen zu machen, die Eigenart, schwanzvoraus sehr langsam rückwärts zu treiben. Wenn ihm dann ein Raubfisch nach dem vermeintlichen Kopf schnappt, schießt er vorwärts davon [16, 146 a], und der Räuber wird wohl am glitschig biegsamen Schwanz keinen

Halt finden. Cott und Steiniger erwähnen noch andere solche irreführende „Verkleidungen". Obwohl ich im Schwanzauge [94] einen Auslöser für Handlungen von Artgenossen vermute, läßt sich eine fehlleitende Wirkung kaum bestreiten. Eine experimentelle Nachprüfung wäre höchst erwünscht.

Eine andere Gruppe auffälliger Zeichnungen sind die Warntrachten [146a]. Auch sie sollen, wie die Blütenfarben, auf fremde Arten wirken, aber nicht anlockend, sondern abstoßend, d. h. sie sollen Flucht oder Meiden auslösen. Sie sind auf räuberische Arten gemünzt. Auch hier haben wir es also mit einseitigen Beziehungen zu tun; denn

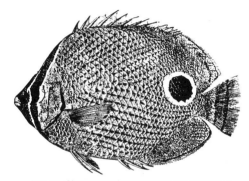

Abb. 63. *Chaetodon capistratus* mit seinem Augenfleck
(nach Cott 1940)

der Räuber hat keinen Vorteil davon, daß er ausreißen soll, anstatt Beute zu machen.

Wir müssen zwei ganz verschiedene Typen von Warntrachten unterscheiden. Die einen verwarnen den Räuber erst, nachdem er schlechte Erfahrungen damit gemacht hat; er muß lernen, was sie ihm Übles androhen. Die anderen überraschen ihn, indem sie sich plötzlich entfalten. Dann erschrickt der Räuber angeborenermaßen, die Beutetiere aber „bluffen" nur; denn die meisten sind ganz harmlos und wohlschmeckend. Bei den erstgenannten Arten spricht man wohl auch von „echten", bei den zweiten von „falschen" Warnfarben; diese würden, wenn die Warnung ein paarmal nichts hilft, ihre Wirkung verlieren, da dann der Räuber lernen könnte, daß nichts dahinter steckt.

Besonders auffällige falsche Warnfarben zeigen manche Tag- und Nachtschmetterlinge. Das Abendpfauenauge z. B. (Tafel 7, bei S. 112) hat einen leuchtenden Farbfleck auf den Hinterflügeln, der einem Wirbeltierauge sehr ähnlich sieht. Es fliegt nachts und verharrt bei Tage in der Ruhestellung, in der sein treffliches Tarnkleid völlig mit dem Untergrunde verschmilzt; die Hinterflügel sind unter den Vorderflügeln versteckt. Berührt man es aber, besonders mit einem scharfen Gegenstand wie dem Vogelschnabel, dann breitet es die Flügel aus, so daß plötzlich die Augenflecke erscheinen, und wiegt sie langsam vorwärts und wieder zurück. [95] Wie Versuche zeigten, werden Vögel durch diesen Anblick abgeschreckt und lassen den Schwärmer unbehelligt [128]. Bürstet man die Hinterflügelzeichnung ab, so macht seine Schaustellung den Vögeln nicht den geringsten Eindruck, und der unglückliche Schmetterling wird gefressen. Überall auf der Erde gibt es Insektenarten [7 a], die solche Warnfarben überraschend entfalten, und diese sind um so wirksamer, je plötzlicher sie erscheinen. Legt man nämlich solche Tiere mit offen sichtbaren Warnzeichnungen aus, so werden sie gefressen; die meisten, denn nicht alle Arten scheinen genießbar zu sein.

Indem ich auf mehrere Bücher verweise [16, 121, 146 a], die einen guten Überblick über die verschiedenen Arten der Warnfarben geben, will ich nur betonen, daß gerade Augenflecke besonders häufig sind. Das ist gewiß kein Zufall; ein Auge ist nicht nur sehr auffällig — viele getarnte Tiere haben die verschiedensten Mittel entwickelt, um sie zu verbergen —, sondern viele Arten und offenbar besonders Vögel erschrecken heftig beim Anblick eines Augenpaares, das sie unverhofft aus großer Nähe anstarrt.

Während es schon viele Arbeiten über die Leistungen der Blütenfarben, Tarnzeichnungen und echten Warnfarben gibt, hat man die falschen Warnfarben erst sehr selten untersucht. Fast alle Beobachtungen, die man zugunsten der Theorie anführt, sind zufälliger Art und nicht voll überzeugend; so liegt auch hier ein reizvolles Arbeitsfeld fast unberührt vor uns.

Echte Warnfarben wirken auf andere Weise. Sie werden niemals versteckt, sondern stets offen getragen. Die Wespen sind ein gutes Beispiel [111]. Wenn ein Gartenrotschwanz seiner ersten Wespe begegnet, schlägt er zu. Manchmal, und zwar verhältnismäßig selten, gelingt es der Wespe, den Vogel noch zu stechen. Dann läßt er sie fahren und zeigt durch Kopfschütteln, Schnabelwischen oder sonstiges Verhalten, wie peinlich ihm das Erlebnis war; und in jedem

solchen Falle kümmert er sich um keine Wespe mehr [66]. Meistens aber
ist die Wespe schon getötet, ehe sie stechen konnte. Dann sieht man,
daß sie schlecht schmeckt: der Vogel verzehrt sie nicht ganz, oder
hat er es getan, so erbricht er sie häufig. [96] Mostler hat gezeigt,
daß die meisten Singvögel schon nach einer einzigen Kostprobe oder
nach wenigen schlechten Erfahrungen gelernt haben, Wespen zu
meiden, und ganz offensichtlich erkennen sie solche schlecht
schmeckenden Insekten an ihren Farben; denn ein Vogel, der sie nicht
jagt, verschmäht alles, was einer Wespe ähnlich sieht. Der Abscheu
vor solchen Färbungen ist dem Erbeutenden also nicht angeboren,
sondern er lernt die Farbe als Zeichen der Ungenießbarkeit zu
werten [152]. Dasselbe gilt für die gelb und schwarz geringelten Raupen
des Karminbärchens (Tafel 8, bei S. 128). Auch sie werden, wie
Windecker [181] zeigte, von jedem jungen Vogel erbeutet, aber ihre
Haut und besonders ihre Haare wirken abstoßend. Ein Gemisch von
Mehlwürmern und dem ausgepreßten Raupeninnern nehmen die
Vögel an; war aber Raupenhaut dabei, so lehnten sie den Mehl-
wurmbrei nach der ersten Probe mit allen Zeichen des Ekels ab. Ja,
als es Windecker gelang, Raupen zu rasieren, so daß er allein ihre
Haare dem Mehlwurmbrei beimischen konnte, verschmähten die
Vögel das Mahl.

Hierher gehört auch die Mimicry. „Nachahmer" haben ähnliche
Farben wie ihre widrigen Vorbilder, während die Nachahmenden
selbst genießbar sind. Allein ihre Ähnlichkeit rettet sie vor den
Vögeln, die gelernt haben, das Urbild zu meiden. Diese schon
viele Jahrzehnte alte Vermutung von Bates hat Mostler aufs
schönste bewiesen. Schwebfliegen, welche Wespen, Bienen oder
Hummeln nachahmen, verzehrten unerfahrene Vögel durchweg
gerne; sie verschmähten diese aber augenblicklich, nachdem sie mit
ihren Vorbildern die erste üble Erfahrung gemacht hatten.

Endlich gibt es Arten, die sich gegenseitig nachahmen. Die Vögel,
die in Windeckers Versuchen *Euchelia*-Raupen als ungenießbar
kennen gelernt hatten, vermieden von nun an ohne weiteres Lernen
auch Wespen. So kann eine Art sozusagen den Todeszoll, den sie den
Erbeutern zu zahlen hat, damit diese die Beute meiden lernen, teilweise auf eine andere Art abwälzen. Diese Form der wechselseitigen
sogenannten M ü l l e r schen Mimicry hat Windecker, soviel ich weiß
als erster, experimentell bewiesen.

Das Vermeiden von Auslösungen

[97] Wir kommen zur zweiten Gruppe visueller Anpassungen, solchen, die dazu dienen, jede Art von Auffälligkeit zu verhüten. Alle Tarnungsweisen gehören hierher. Getarnte Tiere tun alles Mögliche, nur ja keinen Reiz zu setzen, der Erbeutehandlungen auslösen könnte. Sie haben durchweg die genauen „negativen" Gegenstücke zu den „positiven" optischen Auslösern entwickelt. Gerade dieser Gegensatz bestätigt — je genauer man beide Seiten untersucht, um so mehr — das, was man über die relative Wirksamkeit positiver optischer Auslöser festgestellt hat. Während diese durch Bewegung auffällig gemacht werden, vermeiden Tarntiere jede Bewegung soweit wie immer möglich. Positive Auslöser heben sich in Farbe und Helligkeit möglichst stark vom Untergrund ab, aber das Tarnkleid fügt sich, so gut es irgend geht, der Umgebung ein. Auslöser sind so klar umrissen wie möglich, bei getarnten Tieren dagegen durchbricht das Farbmosaik die Konturlinie, die Muster verschmelzen optisch mit denen des Untergrundes. Das auffälligste Warnmerkmal sind Augenflecken; der Tarnwirkung zuliebe werden die Augen versteckt. Auch hier macht der Hinweis auf Cotts und Steinigers Bücher über Farbanpassungen weitere Beispiele entbehrlich.

Es liegen bereits verhältnismäßig viele Versuchsergebnisse vor, die beweisen, daß solche Tarnungen es nicht nur unserem Auge, sondern auch dem der räuberischen Tierarten erschweren, die Getarnten aufzufinden. Sehr überzeugende Versuche machte Sumner [148—150] mit *Gambusia*, einem Fisch, der sich durch langsamen Farbwechsel verschiedenartigem Untergrund anpaßt. Er bot Fische, die schon angepaßt waren, und solche, die dazu noch nicht Zeit gehabt hatten, auf gleichem Untergrunde in großen Becken Reihern an, die von oben her zuschlagen, ferner Pinguinen, die unter Wasser jagen, und Raubfischen. Alle diese so verschieden erbeutenden Arten fingen gut getarnte Fische in viel geringerer Zahl als solche, die sich noch deutlich vom Boden abhoben. Dice [24] setzte verschiedenfarbige Mäuse zusammen auf denselben Untergrund und sah, daß seine Eulen zuerst die Mäuse schlugen, die am schlechtesten zum Boden paßten. Diese und viele andere Arbeiten gelten der Anpassung von Farbe, Form [129] und Muster an den Hintergrund, vor dem der Räuber seine Beute sieht. [98] Dagegen wissen wir fast noch nichts Sicheres über die

Wirksamkeit anderer Tarnweisen wie Unterbrechung der Umriß-
linie, Unkenntlichmachen der Augen, Gegenschattierung und andere.

Diese reichlich kurze Übersicht zeigt wohl immerhin, daß Auslöser nicht nur innerhalb der Art, sondern auch über die Artgrenze
hinaus die Beziehungen regeln. Ihre Hauptkennzeichen, Auffälligkeit und Einfachheit, gelten für beide Formen, und immer lösen sie
beim Gegenspieler Verhaltensweisen aus, die dem Handelnden nützlich sind. Doch wirken nur wenige Auslöser, auf welche fremde
Arten ansprechen, artspezifisch; bei den verschiedenen Warnfarben
z. B. scheint das völlig unnötig zu sein.

VII

DIE ENTWICKLUNG SOZIALER ORGANISATION

Differenzierung und Integration

[99] Die Beziehungen zwischen Elter und Kind beginnen auf grundsätzlich gleiche Weise wie die zwischen dem Organismus und einem seiner Organe. Am Anfang ist das Kind eine Eizelle im Mutterleibe, also nur eine einzige Zelle in einem Organ, dem Ovar. Das besamte Ei furcht sich. Ist die Mutter ein Vogel, so scheidet sie in einer Reihe verwickelter Prozesse um die Eizelle herum Nährstoffe und schützende Hüllen ab. So entsteht ein mehr oder weniger isoliertes Ganzes, das Ei. Wenn es den Leib der Mutter verläßt, ist es schon unabhängiger geworden: es erhält von ihr weder Nahrung noch Sauerstoff mehr; aber sie muß es noch bebrüten. Es entwickelt sich weiter; bestimmte Zellgruppen bilden Haut, andere Darm, wieder andere Hirn, und so fort.

Im Augenblick des Schlüpfens ändern sich die Beziehungen zwischen Mutter und Kind von Grund auf. Wohl muß sie es noch eine Zeit lang wärmen, aber das Wenden der Eier entfällt und dafür kommen neue Pflegehandlungen hinzu, so das Füttern und das Wegtragen des Kotes. Die Jungen beginnen die Lock- und Warnrufe zu beantworten. Diese neuen Beziehungen sind nicht weniger real oder lebenswichtig als die früheren, obwohl man sie leichter übersieht. Von kleinen Änderungen abgesehen, gehen sie weiter, bis das Junge ganz selbständig geworden ist. Bei manchen Arten werden dann zuerst die Eltern gleichgültig, bei anderen zuerst die Kinder, bei dritten beide zugleich. Oft ergreifen die Eltern die Initiative: sie verjagen die Jungen, sobald sie eine zweite Brut beginnen. [100] Bei manchen Arten endlich geht das Verhältnis der Eltern zum Kind allmählich in das zwischen Gruppengenossen über: die Familie wird zur Herde, zum Schwarm.

So wandelt sich hier die Elter-Kind-Beziehung aus der eines Organismus zu einem seiner Organe ganz allmählich in ein Verhältnis zwischen Individuen. Diese Entwicklung ist durch wachsende Unabhängigkeit des Organes und seine zunehmende Differenzierung gekennzeichnet. Aus einem einzigen Individuum entsteht dadurch, daß seine Organe sich verselbständigen, eine Gesellschaft, die zuletzt so verwickelt organisiert sein kann wie etwa ein Insektenstaat. Wir beginnen unsere Beispielsfolge mit den verhältnismäßig einfachen Beziehungen zwischen Mutter und Kind und gehen dann zu höher entwickelten Gemeinschaften über.

Die meisten Insektenstaaten werden von einem begatteten Weibchen begründet. Oft verläßt die Mutter die Eier sogleich nach der Ablage; dann geht die soziale Entwicklung über die Beziehung zwischen Organismus und Organ nicht hinaus. Aber viele Bienen- und Wespenarten pflegen die abgelegten Eier, ja auch die Larven, die aus den Eiern schlüpfen. Manche solitäre Wespen, z. B. die Sandwespe *Ammophila adriaansei* (Abb. 64), tragen nicht nur ein gelähmtes Beutetier als Futter für die Larve ein, wie es die meisten

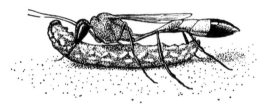

Abb. 64. Die Sandwespe *Ammophila adriaansei* mit Beute (nach BAERENDS 1941)

Grabwespen tun, sondern wiederholen das noch zweimal in größerem Maßstab, wenn die Larve den ersten Vorrat aufgezehrt hat[3]. Wenn sie ihren Kokon zu spinnen beginnt, um sich darin zu verpuppen, dann verläßt die Mutter sie und stirbt lange vor dem Schlüpfen des Kindes.

Manche einzeln lebende Bienen haben eine höhere Stufe sozialer Organisation erreicht als die Grabwespe. So versorgt eine Nesthöhlen grabende Biene, *Halictus quadricinctus,* [101] ihre Eier nicht nur mit Honig und Pollen, sondern bleibt im Nest, bis die Puppen schlüpfen; sie besucht ihre Kinder nicht nur gelegentlich, sondern lebt mit ihnen zusammen. Und auch die erste Kindergeneration fliegt nicht aus, sondern sie erweitert den Bau der Mutter, legt ihre Eier hinein und zieht die zweite Generation auf. Jede füttert ebensogut ihre eigenen Kinder wie die ihrer Schwestern. Diese zweite Generation allerdings ist nach dem Schlüpfen im Herbst weniger sozial; die Bienen verlassen das Nest, zerstreuen sich und überwintern einzeln. Jede Überlebende gründet im nächsten Frühjahr eine neue Familie.

Einen weiteren sehr wichtigen Schritt zur staatlichen Entwicklung haben die Hummeln getan. Wiederum ist anfangs nur ein Weibchen da, die sogenannte Königin. Sie hält enge Gemeinschaft mit ihren Kindern: von Zeit zu Zeit öffnet sie die Larvenzellen und füllt neues Futter nach. Alle diese ersten Larven entwickeln sich zu sterilen Weibchen. Nachdem die ersten dieser „Arbeiterinnen" geschlüpft sind, legt die Königin nur noch Eier, und die Arbeiterinnen tun alles Übrige: sie bauen neue Zellen, fliegen aus und tragen Futter ein, füttern die Königin und pflegen ihre Brut. Im Hummelstaat besteht also Arbeitsteilung zwischen den Staatsangehörigen. Im Sommer schlüpfen immer vollkommener entwickelte Weibchen, dazu auch Männchen. Diese begatten die vielen im Frühherbst ausfliegenden jungen Weibchen, und allmählich löst sich der Verband. Nur die begatteten Königinnen überwintern, manche allein, andere zu mehreren in den alten Nestern. Im nächsten Frühjahr geht jede auf langwierige Suche nach einem guten Brutplatz und kann einen neuen Staat gründen.

Noch weiter ist die Honigbiene fortgeschritten; sie hat die Arbeitsteilung auf die Spitze getrieben [93, 126]. Wie bei den Hummeln gibt es die Königin, sterile Arbeiterinnen und Männchen, Drohnen genannt. Die Arbeiterinnen haben vielerlei Aufgaben im Staate. Manche sammeln Honig, andere Pollen, dritte bauen neue Waben, vierte pflegen Brut usw., und zwar richtet sich das nach dem Alter: jede Arbeiterin erfüllt alle diese „Berufe", einen nach dem anderen, in aufeinanderfolgenden Abschnitten ihres Lebens. Bald nachdem sie geschlüpft ist, beginnt sie, frisch verlassene Zellen zu putzen, [102] deren Insassen bereits geschlüpft sind; denn keine Königin bestiftet eine ungeputzte Zelle. Nach durchschnittlich drei Putztagen beginnt die Arbeiterin Larven zu füttern, besonders ältere mit Pollen und Honig, den sie den Vorratskammern entnimmt. Nach ungefähr drei weiteren Tagen werden auch jüngere Larven von ihr gefüttert. Diese erhalten außer Honig und Blütenstaub den leicht verdaulichen Futtersaft aus der Kopfdrüse der Arbeiterin. In diesem Alter wagen die Bienen auch den ersten Ausflug ihres Lebens; sie

schauen sich draußen ein wenig um, jedoch ohne schon etwas ein-
zutragen.

Mit etwa zehn Tagen stellt die Arbeiterin ihre Brutpflege ein und
wendet sich anderen häuslichen Arbeiten zu: sie nimmt den ein-
laufenden Sammelbienen ihren Honig ab und stapelt ihn in den
Vorratszellen oder verfüttert ihn an andere Bienen; den Pollen
stampft sie in den Zellen fest, wohin ihn die Trachtbienen selbst
gebracht haben, und trägt tote Bienen, Abfall usw. aus dem Stock.
Mit dem Wachs, das sie am Unterleib in Plättchen abscheidet, baut sie
neue Zellen. Um den 20. Tag übernehmen manche den Wächter-
dienst am Flugloch, wo sie jeden Ankömmling kontrollieren. 20 bis
30 stehen hier gleichzeitig Wache und verwehren jedem Stockfremden
den Eintritt. Bald aber beginnen sie ihren dritten und letzten Lebens-
abschnitt als Sammelbienen. Auch hier teilen sie sich in die anfallende
Arbeit: einige sind Spürbienen, die neue Trachtquellen finden, wenn
die vom Stock gerade benutzten zu versiegen beginnen; andere
warten so lange, bis eine Tänzerin ihnen Abstand und Richtung der
Tracht anzeigt, auf die sie selbst zur Zeit eingestellt sind. Dritte
lassen sich zu gleich welcher Tracht anwerben. Manche sammeln
Pollen, andere Nektar, dritte beides, wieder andere Wasser usw.

Anders als der Hummelstaat bleibt das Bienenvolk wintersüber
beisammen. Wenn ihm kein Unglück zustößt, lebt es jahrelang fort,
also viel länger als jedes seiner Glieder; deshalb nennen wir diese
Gesellschaften Staaten. Ein neuer Staat wird nicht, wie bei den
Ameisen, von einer alleinlebenden Königin gegründet, sondern er
entsteht durch gemeinsames „Schwärmen" der Königin mit vielen
Arbeiterinnen aller Altersstufen. [103] Das Volk teilt sich kurz vor
dem Schlüpfen einer neuen Königin; die alte bezieht mit dem
Schwarm eine neue Wohnung, die junge übernimmt den alten Stock.
Später können Nachschwärme folgen, jeder mit einer neuen Königin.
So ist das Entstehen neuer Bienenvölker insofern einer Zellteilung
vergleichbar, als dort wie hier die Tochterorganismen, nachdem sie
selbständig geworden sind, aus eigner Kraft weiterwachsen müssen.

Alle Ameisen leben sozial; ihre Kolonien gründen sie je nach der
Art verschieden. Bei manchen läßt sich die begattete Königin an
einem passenden Orte nieder und legt Eier, aus denen die ersten
Arbeiterinnen der neuen Kolonie hervorgehen. Andere Königinnen
müssen, um zu leben, eine Anzahl Arbeiterinnen um sich haben. Die

eine verläßt das Nest in Begleitung ihrer Helferinnen; bei anderen solchen Ameisen dringt sie in eine Kolonie ihrer eigenen Art ein und verdrängt deren Königin. Bei dritten erobert das junge Weibchen das Nest einer fremden Art, tötet alle Erwachsenen und adoptiert deren Brut; so kommt es zur sogenannten Sklaverei. Endlich gibt es Arten, bei denen ein Nest viele Königinnen hat; von Zeit zu Zeit wandert eine mit einer Gruppe von Arbeiterinnen aus und gründet eine neue Kolonie.

Die Termitenstaaten [35, 51] leiten sich nicht wie die Ameisen [36, 51, 179], mit deren Staaten sie erstaunliche Konvergenzen zeigen, von einer Mutterfamilie ab, sondern von einem Elternpaar und seinen Nachkommen. König und Königin (Abb. 65) sind einander wert, und die Arbeiterkaste besteht aus beiden Geschlechtern zu gleichen Teilen. Arbeiter und Arbeiterinnen sind steril. Zuzeiten schlüpfen fruchtbare geflügelte Männchen und Weibchen und verlassen den Bau als riesige Schwärme. Nach dem Hochzeitsflug werfen sie ihre Flügel ab und finden sich am Boden zu Paaren zusammen; die Weibchen locken durch den Duft einer besonderen Drüse die Männchen an. Dann sind beide Partner noch nicht geschlechtsreif; sie graben eine Höhle aus, den Anfang des Termitenbaues; [104] erst darin kopulieren sie nach geraumer Zeit, und nun beginnt die Eiablage. Termitenlarven sind nicht so hilflos wie die der Ameisen und Bienen, sondern beteiligen sich an vielen Arbeiten im Bau. Von Häutung zu Häutung entwickeln sie sich zu erwachsenen Arbeitern bzw. Arbeiterinnen, die zudem noch besonderen Kasten angehören.

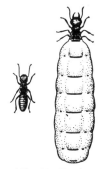

Abb. 65. Termiten-„König" (links) und -„Königin" (rechts)

Kürzlich ist noch ein Weg der Koloniegründung bekanntgeworden, der einer der bei Ameisen erwähnten Methoden ähnlich ist. GRASSÉ und NOIROT [53] sahen dichte Marschsäulen aus einem Termitenneste hervorquellen und am Ende ihres Wanderweges neue Nester gründen. Ein Zug enthielt das Königspaar. Alle Kasten, auch Geflügelte, waren im Trupp vertreten. In den übrigen Zügen entwickelten sich neotene „Ersatzgeschlechtstiere", d. h. sie wurden, anstatt erst nach der letzten Häutung, schon als Larven geschlechtsreif. GRASSÉ hat dieses Aufsplittern des Volkes in gleichwertige Teilvölker Soziotomie genannt.

Außer dieser Soziotomie, die streng genommen keine echte Neu-
gründung ist, stellen alle besprochenen Gründungsweisen Differen-
zierungen der Beziehung zwischen Mutter und Ei dar, bei den Termiten ist auch der Vater ein gleichberechtigter Staatsbürger. Solch ein
Staat entsteht also durch Wachstum und Differenzierung.

Doch entstehen nicht alle Gesellschaftsformen auf diese Weise;
viele kommen zustande, indem Tiere, die bisher unabhängig voneinander lebten, zusammentreffen und beieinander bleiben, d. h. ihre
Unabhängigkeit aufgeben.

Das ist der Fall bei der Paarbildung oder Schwarmbildung. Es
knüpfen sich Bande, die vorher nicht bestanden haben. Das Entstehen
solcher Beziehungen wollen wir Konstruktion bzw. Integration nennen.
Beide Wege, Differenzierung und Integration, laufen in entgegengesetzte Richtungen. Dort ist anfangs einer der Partner völlig vom
anderen abhängig und ganz auf sich angewiesen; allmählich geht das
einseitige Verhältnis in beiderseitiges Zusammenspielen über. Hier
hingegen finden sich zwei vorher voneinander Unabhängige, um eine
gemeinsame Aufgabe zu lösen.

Das Knüpfen sozialer Bande

Es fragt sich, wie in beiden Fällen die Partner zusammenkommen,
wie soziale Beziehungen entstehen. Wir hörten bereits, [105] daß ein
System angeborener Verhaltensweisen des Spielers und eine zumeist
ebenso angeborene Ansprechbarkeit des Gegenspielers dafür verantwortlich sind. Daß das Verhalten beider Partner zusammenpaßt,
ist gewöhnlich durch „vorzeitige Bereitschaft" gesichert. Ein Vogel
ist schon brütig, bevor er sein erstes Ei legt; sein Füttertrieb erwacht,
noch ehe die Eier schlüpfen. Gewöhnlich ruhen diese Bereitschaften,
bis die adaequaten Dinge zur Stelle sind, die die passenden
Schlüsselreize senden. Unter ungewöhnlichen Bedingungen aber, und
manchmal sogar unter normalen, kann das Verhalten auch ohne Auslösung ablaufen. Viele Vögel brüten schon im leeren Nest. Hier reift

Tafel 6
Silbermöwe beim Füttern des Jungen.
Zwei Versuche mit Kopfattrappen. Links: abnorme Kopfform,
rechts: zwei „Schnäbel" an einem „Kopf".
Das Junge pickt nach dem unteren „Schnabel"

nicht etwa die Bereitschaft, auf Eiern zu sitzen, sondern der Trieb, der zum Handeln führt, auch wenn noch gar keine Eier da sind. Auch von uns selbst kennen wir Entsprechendes. Kinderlose Frauen beschaffen sich oft für ihren Pflegetrieb einen Ersatz: sie adoptieren ein Kind oder verwöhnen ein Schoßtier. Andere entwickeln ihrem Gatten gegenüber eine merkwürdige Doppelhaltung, indem sie ihn als ihren Mann und zugleich als ihr Kind behandeln.

Auch beim Integrieren sozialer Beziehungen sind die Partner vorzeitig zu handeln und zu reagieren bereit. Weder der Samtfalter noch der Stichling brauchen zu lernen, woran man den sozialen oder den Geschlechtspartner erkennt und wie man sich zu ihm verhält.

Weiterentwicklung

Das Anknüpfen der Beziehung zwischen zwei oder mehreren Artgenossen ist oft nur der erste Schritt; weitere können folgen, die wir jetzt besprechen wollen.

Manchmal sieht man das soziale Handeln an Häufigkeit oder Intensität langsam zu- oder abnehmen; als Beispiel sei das Fächeln des brutpflegenden Stichlingsmännchens genannt. Durch bestimmte Flossenbewegungen treibt er einen Wasserstrom zum Nest und belüftet so die Eier. [106] Solange sie noch jung sind, verbringt das Männchen nur wenig Zeit mit Fächeln. Aber je weiter sich das Gelege entwickelt, um so mehr Sauerstoff verbraucht es und desto mehr Kohlensäure gibt es ab. Das Männchen entspricht diesem Bedürfnis, indem es immer längere Zeit fächelt. Diese Zunahme seiner Tätigkeit ist zu einem Teil durch Außenreize ausgelöst: vertauscht man das drei Tage alte Gelege mit einem acht Tage alten, so fächelt das Männchen erheblich mehr als zuvor. Zum anderen Teil aber bedingt ein innerer Zustandswechsel, daß das Männchen die Fächelzeit während der Entwicklung des Geleges verlängert: gibt man ihm frische Eier statt seiner älteren, so fächelt er zwar weniger stark als zuvor, aber doch deutlich mehr als am ersten Tage. Je älter sein eigenes Gelege war, um so deutlicher reagiert er auf das frische.

In ähnlicher Weise nimmt der Bruttrieb des Vogels mit der Brütezeit zu, auch wenn die Eier tot oder unfruchtbar sind.

Verwickeltere graduelle Stimmungsänderungen kennt man bei der Paarbildung von Vögeln und Fischen. Nach VERWEYS [176] schönen Beobachtungen lebt der Fischreiher wintersüber allein. Im Frühjahr treffen zuerst die Männchen in der Brutkolonie ein; jeder besetzt sein vorjähriges Nest oder einen neuen Nistplatz. Hier auf seinem Standort „singt" er seinen rauhen einsilbigen Ruf, der unser Ohr beleidigt, ihm jedoch ein Weibchen gewinnt. Wenn eines ankommt, setzt es sich nahe bei dem Männchen seiner Wahl auf einen Ast. Dieses beginnt zu balzen; aber wenn sich das Weibchen ihm daraufhin nähert, weist er sie ab, und es kann zu einem Geplänkel, ja zu wütendem Kampf kommen. Sowie sie davonfliegt, ruft er gleich wieder sehr eifrig; dann kommt sie manchmal zu ihm zurück. Das löst zuweilen erneute Abwehr bei ihm aus, aber allmählich schwindet die Angriffslust; die Vögel beginnen einander zu dulden, und unter Umständen verpaaren sie sich. Offensichtlich stehen dem Männchen und wahrscheinlich auch dem Weibchen zwei Reaktionsweisen zur Verfügung, [107] die Balz, die zur Paarbildung führt, und der Angriff, wobei Furcht, d. h. Fluchtbereitschaft, mitaktiviert sein kann. Allmählich siegt der Geschlechtstrieb über die Angriffslust. Dieser Wechsel im Kräfteverhältnis der beiden beteiligten Triebe könnte zu einem Teil darauf beruhen, daß die Vögel sich persönlich kennen lernen und aneinander gewöhnen, zum anderen darauf, daß durch die wiederholte und immer länger anhaltende Reizwirkung, die vom Partner ausgeht, der Geschlechtstrieb übermächtig wird. Dem entspricht es, daß sich Partner um so seltener und kürzer streiten, je später im Jahr sie einander finden. Bei Männchen, die schon zwei Wochen auf ein Weibchen gewartet haben, ist der Geschlechtstrieb so gestaut, daß sie das erste Weibchen, das sich zu ihnen setzt, so gut wie auf der Stelle annehmen.

Beim dreistachligen Stichling, der, wie wir sahen, das Weibchen nur zum Ablaichen bei sich duldet, so daß von einem persönlichen Verhältnis beider keine Rede ist, beruht der Stimmungswechsel vom Angriff zur Balz allein auf dem Ansteigen des Geschlechtstriebes [169]. Die erste Reaktion des Männchens auf das Erscheinen des Weibchens, der Zickzacktanz, ist Ausdruck zweier Triebe. Stets beginnt er mit einer Bewegung vom Weibchen weg, d. h. einer Balzreaktion: zum Nest schwimmen, denn nur dort kann das Männchen Eier besamen. Diese „Zicks" können, wenn das Weibchen folgt, in einem Zuge bis zum Nest hinführen; sie sind um so betonter, je geschlechtshungriger das Männchen. Die „Zacks" zielen auf das Weibchen und werden im äußersten Falle zum regelrechten Angriff. Das ist dann der Fall, wenn der Angriffstrieb nachweislich ungewöhnlich stark ist. Die Antworten des Weibchens auf den Zickzacktanz beeinflussen den Geschlechtstrieb des Männchens stark. Wenn sie sich ihm zuwendet, bricht er den Tanz sofort ab und schwimmt zum Nest. Alles was an Handlungen folgt, zu Neste schwimmen, Nesteingang weisen, Schnauzentriller und Besamen, sind lauter reine Geschlechtshandlungen. Hier geht das ambivalente Verhalten des Männchens, der Zickzacktanz, nur deshalb in rein sexuelles Verhalten über, weil das Weibchen, [108] wenn es auf den Zickzacktanz reagiert, den Geschlechtstrieb des Männchens so sehr erregt, daß dieser den Angriffstrieb nunmehr unterdrückt.

Hat das Weibchen abgelaicht und das Männchen die Eier besamt, dann überwiegt gleich wieder sein Angriffstrieb: er vertreibt das Weibchen. Das hat zwei Gründe, einen inneren und einen äußeren. Mit dem Auswerfen des Spermas sinkt der Geschlechtstrieb steil ab, so daß der immer wache Kampftrieb keinen Widerpart mehr hat. Das Weibchen hat nach der Eiablage keinen dicken Bauch mehr; so fehlt ihm jetzt einer der Schlüsselreize, die den Geschlechtstrieb des Männchens steigern. Dagegen bleiben ihre Angriff auslösenden Reize unverändert bestehen.

Viele soziale Beziehungen werden durch Lernvorgänge verändert. Manche Bindungen werden spezieller. Wer anfangs auf die Reize jedes Artgenossen ansprach, beschränkt sein Ansprechen auf einen einzigen, meist durch Selbstdressur, eine verhältnismäßig einfache Lernweise. Alte Silbermöwen lernen in wenigen Tagen ihre Jungen kennen, pflegen von nun an nur noch sie und werden gegen alle anderen Kücken gleichgültig oder gar feindlich. Wie in den ersten drei Kapiteln besprochen, kennen wir solche persönliche Bekanntschaften schon bei vielen Vögeln [152]; aber bei Säugetieren sind sie, soweit wir wissen, noch weiter verbreitet. Sicher ist dergleichen unmöglich, solange die Tiere nur auf Schlüsselreize ansprechen, die jeder Artgenosse aussendet. Sie lernen auf viele weitere Merkmale zu achten, nach denen sie ihre Artgenossen persönlich unterscheiden können. Das gelingt manchmal unglaublich genau; viele Vögel erkennen den Gatten, ihre Kinder oder sonstige Kumpane auf den ersten Blick, während der menschliche Beobachter nur nach genauem Studium kaum merkliche Unterschiede sieht oder auch völlig hilflos ist. Wir versagen da teils aus Mangel an Übung. Wer lange und eng genug mit einer Gruppe z. B. von Graugänsen oder Schafen zusammenlebt, lernt endlich jedes einzelne Tier kennen. Immerhin weiß ich keinen noch so guten Beobachter, der darin auch nur annähernd so weit

käme wie die Tiere selbst. Gewiß kennt jeder am leichtesten seine
eigenen Artgenossen auseinander; [109] aber die Sicherheit, mit der
bestimmte Individuen aufeinander reagieren, zeigt, daß sehr subtile
Einzelheiten mitsprechen, im scharfen Gegensatz zu den groben
Signalen, auf die das angeborene tierische Handeln anspricht.

Nur ein paar in der Literatur verstreute Beobachtungen deuten
darauf hin, was für Reize erlernt werden. Wir wissen z. B., daß Seeschwalben und Möwen einander sowohl an der Stimme wie auch am
Anblick erkennen. Jenes kann man in einer Brutkolonie leicht feststellen. Einen brütenden Vogel, der bei seinem Geschäft eingeschlum-
mert zu sein scheint, aus dem Versteck zu beobachten, ist ein höchst
aufregendes Erlebnis. In der Flußseeschwalbenkolonie z. B. fliegen
viele Vögel ein und aus. Beide Eltern brüten abwechselnd, etwa alle
Stunden lösen sie einander ab. So ist der gerade Brütende oft lange
allein und gibt nicht im geringsten auf alle die vorüberfliegenden
Vögel und ihre Rufe acht. Aber wenn sein Gatte ankommt, merkt
er sogleich auf, und da er mit geschlossenen Augen brütete, muß er
ihn allein an der Stimme erkannt haben. Man kann dies täglich
mehrere Male erleben [155]. Solche Reaktionen sind oft äußerst präzise.
Der Gatte ruft vielleicht aus großem Abstand: wir hören den leisen
Laut kaum im ständigen Geschrei all der anderen, aber der Brüter
hört ihn im Schlaf und ist augenblicklich hellwach.

Ebensogut erkennt ein Vogel seinen Gatten unter vielen Artgenossen auch, wenn er schweigt. Bei den Silbermöwen, welche ich
eingehender als die Flußseeschwalben beobachtet habe, sah ich, daß
sich die Partner auf gut 20 m Abstand erkannten, und war sicher,
daß beide nicht gerufen hatten. Sie erinnern sich wahrscheinlich des
Gesichtes, dessen Gestalt von den Größen- und Formverhältnissen
seiner Teile abhängt, genau wie bei uns. Auch wir können, wenn
wir uns eingesehen haben, Unterschiede im Gesichtsausdruck von
Tieren leicht feststellen, und eine wichtige Beobachtung Oskar
HEINROTHS zeigt, daß ein Vogel seinen Gatten nicht mehr erkennt,
wenn dessen Gesicht versteckt ist: er sah einmal im Berliner Zoo
einen Schwan sein Weibchen angreifen, während es beim Gründeln
den Kopf unter Wasser hatte. Als sie daraufhin ihren Kopf über
Wasser zeigte, hielt er sofort ein. [110] LORENZ hat Ähnliches bei
seinen Graugänsen gesehen.

Diese Fragen durch Versuche zu klären, ist wohl deshalb so schwer,
weil die Tiere viele Einzelmerkmale zugleich beachten; Änderungen

einiger Züge, die der Vogel sicher bemerkt, lassen doch so viele andere unverändert, daß ein Erkennen noch möglich bleibt. Wir haben gelegentlich Silbermöwenkücken bemalt, um die Alten zu verwirren. Als wir eines mit Ruß schwärzten, sahen es die Eltern überrascht an, verstießen es aber nicht, wahrscheinlich weil ihnen die Stimme vertraut war. Ebenso ging es, als wir die schwarze Fleckenzeichnung auf dem Kopf des Kückens veränderten. Doch ist es bisher bei wenigen vorläufigen Versuchen geblieben. Obwohl solche Arbeit sehr viel Zeit kostet, lohnt sich die Mühe gewiß.

Manche Pinguine haben eine andere Art der Brutpflege entwickelt [125]. Ihre Jungen versammeln sich in „Kinderkrippen", in denen sie ohne Unterschied von allen Eltern durcheinander gefüttert werden sollen. [Aber SLADENS farbig markierte Adeliepinguine [144] fütterten auch in der Krippe nur ihre eigenen Kücken, die ihre Eltern ebenfalls persönlich kannten.[1])] Dieses System (Tafel 5, bei S. 80 unten) deuten manche als Anpassung an die Kälte, da enger Zusammenschluß den Wärmeverlust verringert. Andere behaupten, auch die Brandseeschwalbe bilde Krippen. Das kann ich nicht bestätigen; zwar scharen sich manchmal viele Kücken zusammen, aber gewöhnlich wird jedes von seinen Eltern gefüttert, die es persönlich erkennen.

Einen anderen Weg, auf dem soziale Beziehungen zu persönlichen werden können, entdeckte O. HEINROTH, als er im Brutschrank geschlüpfte Graugössel zu einem Grauganspaar brachte, dessen Junge auch gerade geschlüpft waren. Zu seiner Überraschung wollten sich die Gössel aus dem Brutschrank, so oft er sie zu den Gänsen setzte, ihnen nicht anschließen, sondern rannten jedesmal zu ihm zurück. Offensichtlich sahen sie ihn als ihre Muttergans an, wollten von ihm geführt sein und erkannten ihre eigene Art nicht. Wenn HEINROTH aber den Neugeborenen als erstes eine alte Gans zeigte und dann erst sich selbst, dann folgten sie Gänsen. [111] Später machte LORENZ dieselben Erfahrungen mit Gänsen und ebenso mit mehreren Entenarten. Offenbar müssen die Jungen solcher Vögel lernen, wie ihre Art aussieht, und das tun sie ganz außerordentlich schnell; Gössel brauchen wohl nur Sekunden. Dieser merkwürdige Vorgang heißt Prägung; seine Kennzeichen sind die Geschwindigkeit, mit der gelernt wird, und nach LORENZ' Meinung die Irreversibilität: das Prägungsergebnis kann nicht rückgängig gemacht werden. Ist ein Gänschen

---

1) Einfügung des Übersetzers.

einmal auf den Menschen geprägt, so kann man es auf keine Weise dazu bringen, sich als Gans zu betrachten, solange man es auch immer zwingt, mit Gänsen zusammenzuleben. Doch ist dieser Punkt noch strittig und bedarf weiterer Untersuchungen.

Das heißt natürlich nicht, daß die jungen Gänschen ohne jede „Ahnung" dessen geboren würden, wie ihre Artgenossen aussehen, mit anderen Worten, daß ihnen keine einzige Reaktion auf Gans-Schlüsselreize angeboren sei. Da sie sich Menschen oder fremden Tierarten anschließen, nicht aber Pflanzen oder unbelebten Dingen — eine Ausnahme machte ein blauer Schnee-Gansert in den New Grounds, der offenbar auf seinen hundehüttenartigen Nistkasten geprägt war [140] —, so müssen diese Ersatz-Führer Reize senden, auf die die Gänschen angeborenermaßen ansprechen. Einer derselben ist Bewegung. LORENZ und ich zeigten das in Versuchen mit einer im Brutschrank geschlüpften Nilgans. Wir brachten sie in einem geschlossenen Kasten in einen leeren Raum, setzten uns still jeder in eine Ecke und ließen das Gänschen frei. Es kam zu keinem von uns, sondern blieb mitten im Zimmer stehen und ließ unausgesetzt das „Weinen des Verlassenseins" hören. Einem über den Fußboden gezogenen Kissen lief es nach, wendete sich jedoch in dem Augenblick ab, als das Kissen anhielt. FABRICIUS [38] machte ausgedehntere Versuche mit frischgeschlüpften Reiherenten und anderen Arten. Er fand, daß Bewegung und Rufe die Schlüsselreize waren, die der Elter sendet, aber nicht jede beliebige Bewegung: es mußten sich Gliedmaßen am übrigen Körper bewegen. Dieser Reiz wirkt so stark, daß die Kücken gern einer winkenden Hand nachliefen; aber eine ruhig dastehende ausgestopfte Reiherente ließen sie unbeachtet. Die sensible Periode der Prägbarkeit endete etwa 36 Stunden nach dem Schlüpfen; [112] doch beginnt die Bereitschaft, sich prägen zu lassen, schon weit früher zu sinken. War ein Kücken seine ersten 18 Stunden nach dem Schlüpfen allein geblieben, so ließ es sich nur noch unvollständig auf irgendwelche Stiefeltern prägen.

Etwas Ähnliches entdeckte NOBLE [116] bei Cichliden. Bei *Hemichromis bimaculatus* lernen die Eltern, wie ihre Kinder aussehen müssen. Als er einem erstmals brütenden Paar Eier einer anderen Fischart unterschob, prägten sich die Eltern auf diese Jungen und waren für immer verdorben; so oft man ihnen bei späteren Bruten die eigenen Eier ließ, nahmen sie die daraus schlüpfenden Jungen ihrer Art nicht an.

Dieses Prägen vermittelt keine persönliche Bekanntschaft; Enten und Gänse lernen den, der sie führt, erst später und langsam persönlich kennen. Daß Cichlideneltern jedes ihrer vielen Jungen — es können mehrere hundert sein — im Kopfe behielten, das wäre zuviel verlangt.

Die Prägung muß noch viel genauer untersucht werden. Vor allem wollen wir wissen, auf welche Reize die frischgeschlüpften Jungen reagieren, welche unmittelbaren Wirkungen der Prägungsvorgang hat und ob sein Ergebnis wirklich unvergeßlich und unabänderlich ist.

Bei auf den Menschen geprägten Gösseln konnte man eine merkwürdige Mischung angeborener und erworbener Verhaltensweisen beobachten. Die Kleinen folgen ihm in weit größerem Abstand als natürlich Geführte ihren Eltern. Sie visieren den höchsten Punkt des Führers unter einem bestimmten Winkel an; deshalb folgen sie dem aufrecht gehenden Menschen auf große Entfernung, rücken stark auf, wenn er in Kniebeuge geht, ganz nahe, wenn er vor ihnen schwimmt, und läßt er vollends den Kopf langsam untertauchen, dann kommen sie noch näher und klettern endlich darauf.

Lorenz' Gössel blieben ihm auch noch nach dem Flüggewerden treu. Da er nicht gut mit ihnen fliegen konnte, begnügten sie sich bei ihren gelegentlichen Ausflügen in die Umgegend mit ihrer eigenen Gesellschaft. Dann und wann landeten sie und watschelten, so schnell sie konnten, Lorenz entgegen. Durch einen Zufall kam er dahinter, warum sie weiter weg von ihm einfielen, als sie es bei ihren Eltern getan hätten. Er pflegte auf der Straße zu radeln, um mit den fliegenden Gänsen Schritt zu halten. [113] Als er dabei einmal nach seinen Begleitern in der Luft aufsah, stürzte er in die Wiese neben der Straße, und schon fielen die Gänse dicht bei ihm ein. Von nun an konnte er sie jederzeit herunterholen, wo immer er es wollte; er brauchte nur schnell zu laufen und sich plötzlich mit ausgebreiteten Armen in die Knie fallen zu lassen, so wie Gänse landen. Die Reaktion darauf muß den Gänsen angeboren sein; sie erwarteten diesen Auslöser auch von ihrem menschlichen Führkumpan, auf den sie sich geprägt hatten.

Dieses Kennenlernen der Eltern, sei es in der spezialisierteren Form der Prägung oder nicht, ist auch sonst bemerkenswert. Eine von Hand aufgezogene junge Dohle schließt sich ihrem menschlichen Pfleger an. Sie folgt ihm und will von ihm gefüttert sein. Aber wenn sie flügge wird, braucht sie Flugkumpane und hält sich in allem, was mit Fliegen zu tun hat, an Vögel. Wird sie geschlechtsreif, so zeigt sich, trotz all ihrer Gemeinschaft mit Dohlen, daß ihre Aufzucht Spuren hinterlassen hat: sie balzt den Menschen an. Wenn endlich zur Brutzeit ihr Pflegetrieb erwacht, so sucht sie sich wiederum Dohlenjunge aus, nicht etwa Säuglinge. Die Wahl dessen, dem sie sich zuwendet, hängt also davon ab, welcher Instinkt aufgerufen wird, von welcher Stimmung sie beherrscht ist. LORENZ' unter Ornithologen vielberufene Dohle Tschok [100] hatte ihn als Elternkumpan, Nebelkrähen als Flugkumpane, die Hausgehilfin zum Anbalzen und ein Dohlenjunges zum Füttern.

Diese komischen Beziehungen, die sich unter so ungewöhnlichen Bedingungen entwickelten, werfen Licht auf die Vorgänge, aus denen soziale Ordnungen erwachsen. Sie zeigen, daß solche Tiere ihre Umgebung, insbesondere ihren Artgenossen in einer eigentümlich stückhaften Weise sehen. Keineswegs lernen sie etwa: „So sehen wir Dohlen aus" und richten dann, so wie wir es uns vorstellen möchten, all ihr soziales Handeln auf ihresgleichen, sondern jeder ihrer Instinkte spricht auf andere Reize des jeweiligen Kumpans an. Da tatsächlich jeder Artgenosse all diese Reize auf sich vereinigt, entgeht uns das kaleidoskopische Durcheinander dieses Bündels von Reaktionen; erst unter abnormen Bedingungen wird es offenbar.

Schlußfolgerungen

[114] Obwohl überall Wissenslücken klaffen, läßt sich schon jetzt von der Entwicklung sozialer Strukturen eines sicher sagen: viele Gemeinschaften zwischen Tieren beruhen auf dem rechten Zusammenspiel sehr weniger und sehr einfacher Beziehungen. Ob sich eine Gesellschaft aus einem relativ einfachen Verhältnis wie dem zwischen Körper und Organ differenziert oder ob sie sich aufbaut, indem sich vorher unabhängige Personen zusammenschließen, immer beruhen die Verbindungen auf dem Auslöser-System und beginnen spätestens zu arbeiten, sobald sie gebraucht werden. Die Fähigkeiten, das Nötige zu tun, liegen schon vorher gebrauchsfertig bereit. Haben sie zu arbeiten begonnen, so kann sich noch vieles ändern, sei es weil die für das Handeln verantwortlichen Triebe abwechselnd erstarken, oder weil Lernvorgänge mitsprechen. Prägungen binden das Tier an seine Art, andere Erfahrungen schaffen persönliche Beziehungen.

Regulation

Wenn wir die Organisation einer Gesellschaft untersuchen, sehen wir Ordnungsprinzipien, die denen des Organismus vergleichbar sind. Beide, Gemeinschaft und Individuum, sind aus Gliedern zusammengesetzt: der Organismus aus Organen, die Gemeinschaft aus Organismen. Bei beiden teilen sich die Glieder in die Arbeit. In beiden Fällen arbeiten die Teile zum Wohle des Ganzen und dadurch unmittelbar zu ihrem eigenen Vorteil zusammen. Die Partner geben und nehmen. So verlieren sie an Selbstbestimmung wie auch an Fähigkeit, für sich allein zu leben. Es kann einer auf das Recht, sein eigener Herr zu sein, soweit verzichten, daß er fürs Ganze sein Leben läßt. Jedes Wirbeltier stößt ununterbrochen Hautzellen ab; die Eidechse überläßt ihren Schwanz dem Räuber, um selbst zu entkommen, auch ohne Schwanz weiterzuleben und sich fortzupflanzen. Die Entenmutter verteidigt ihre Kinder auf Leben und Tod. Der Vorteil, den die Organe vom Organismus haben, liegt auf der Hand: ein isolierter Muskel überlebt nicht lange, aber ebensowenig überlebt auch die vereinzelte Honigbiene oder ein aus der Staatsqualle herausgeschnittener Einzelpolyp. Selbst wo ein Robinsonleben möglich ist, [115] entgehen dem Einzelgänger alle Vorteile des Lebens in der Gemeinschaft, wie wir im dritten Kapitel hörten. Bei Organen des Individuums — das ja daher seinen Namen hat — ist die Unfähigkeit, für sich allein zu leben, deutlicher als in der Gemeinschaft, aber das ist nur dem Grade nach ein Unterschied. Es gibt sehr wohl Organismen, die man schadlos in Teile zerschneiden darf oder die sich selbst zertrennen; Seeanemonen, Strudelwürmer, Bandwürmer, ja viele Ringelwürmer z. B. sind nicht „unteilbar".

Der Vergleich des Organismus mit der Gemeinschaft, der zu dem Bild der Gemeinschaft als „Überorganismus" führt, ist für den Soziologen von großem heuristischem Wert. Natürlich darf man nicht übertreiben; unmöglich kann man beides gleichsetzen. Aber es hilft uns zu sehen, daß man es in beiden Fällen mit einem „laufenden Betrieb" zu tun hat, in dem es auf Organisation und Zusammenarbeit ankommt. Sie unterscheiden sich wesentlich nach der Integrationsstufe; in der Gruppe hat die Integration noch einen Schritt über die im Organismus hinaus getan.

Bisher haben wir uns mit dem normalen Lebensablauf in Gesellschaften beschäftigt. Jetzt fragen wir, was bei ungewöhnlichem Anlaß geschieht. Das Individuum kann mancher abnormer Bedingungen Herr werden. Es begegnet nicht nur den schädlichen Einflüssen, denen es im normalen Leben ausgesetzt ist, sondern kann auch viele Notstände überdauern, und zwar durch Regulation. Nach einer Körperverletzung heilt die Wunde. War sie zu groß, so kann ein anderer Teil Aufgaben des Verlorengegangenen übernehmen. E. S. Russell [130] hat vielerlei Beispiele für diese erstaunliche Fähigkeit gegeben. Solche Regulationen sind in gewissem Sinne nichts als eine Ausweitung normaler Tätigkeiten.

Ein beschädigter Körper kann wiederhergestellt werden, Verlorengegangenes regeneriert durch die Tätigkeit von Zellen, die sozusagen in den Embryonalzustand zurückkehren und die Entwicklung zu wiederholen vermögen. Etwas anderes geschieht, wenn ein Teil Funktionen eines anderen übernimmt; dann erweitert er seinen Leistungsbereich und verwirklicht Fähigkeiten, die im Normalfall nie beansprucht worden wären.

[116] Ähnlicher Regulation ist die Gesellschaft fähig. Auch ihre Glieder können auf den Anfang zurückgreifen und noch einmal von vorn beginnen. Oder es tut einer, wenn es nötig wird, Dinge, die er sonst nie getan hätte; er übernimmt die Aufgaben anderer, die ausgefallen sind. Das kann er, weil Fähigkeiten in ihm schlummern, auf die er im Notfall zurückgreift.

Wenn Vögel ihre Brut verlieren, so beginnen sie oft eine neue. Anstatt weiterzumachen, als wäre alles in Ordnung, z. B. nach Verschwinden der Eier im Leerlauf imaginäre Junge zu füttern, erfahren sie tiefgreifende Umstellungen. Sie lassen in ihren Keimdrüsen neue Zellen heranreifen, beginnen wieder zu balzen, sie paaren sich, bauen ein Nest und legen Eier. Nicht alle Arten sind gleich anpassungsfähig, aber jede auf ihre Weise sind sie es.

Ein eindrucksvolles Beispiel für solche „Regulation" gab Rösch [126] an der Honigbiene. Wir hörten von der Arbeitsteilung nach dem Alter der Arbeiterinnen (S. 93). Nimmt man im Versuch eine Altersgruppe heraus, so übernehmen andere Altersstufen die Pflichten der Fehlenden und retten dadurch das Volk. Hat man z. B. die Trachtbienen ausgeschlossen, also etwa alle vom 20. Lebenstage an, dann fliegt schon manch eine erst sechs Tage alte Arbeiterin, die normalerweise Larven füttern würde, zum Sammeln aus. Wenn alle Baubienen fehlen — vor allem solche im Alter von 18 bis 20 Tagen —, beginnen Sammlerinnen nochmals zu bauen, nachdem ihre aufgebrauchten Wachsdrüsen zum zweitenmal heranreiften. Die Physiologie dieser Regenerationsvorgänge ist unbekannt.

Bei Raubvögeln teilen sich die Eltern in die Jungenpflege: das Männchen jagt, während das Weibchen im Nest bleibt. Er kommt mit Beute heim und übergibt sie ihr; sie zerlegt sie und füttert die Jungen mit kleinen Bissen. Erst die halbausgewachsenen Jungen können ganze Beutestücke selbst kröpfen. Diese Arbeitsteilung ist so starr, daß, wenn das Weibchen stirbt, die Brut meistens zugrunde geht. [117] Aber einige Männchen hat man doch schließlich nach Weibchenart füttern sehen, was bei diesen Arten, solange das Weibchen lebt, niemals vorkommt [153].

Kleinere Regulationen durch Aktivierung von normalerweise nicht gebrauchten, aber stets vorgesehenen Handlungen sind häufig. Seite 46 wurde beschrieben, wie ein Sandregenpfeiferweibchen sein Männchen, das sich längere Zeit nicht mehr zum Nest gewagt hatte, dorthin zurückzwang. Einmal sah ich, wie ein Kiebitzmännchen seine voll flugfähigen Jungen, die nicht auf den Alarmruf hören wollten, von der Katze fortzutreiben versuchte. Viele Singvögel haben besondere Handlungen, um das Sperren ihrer Jungen zu erzwingen, wenn die üblichen Auslöser versagen.

Natürlich läßt sich abnormes Verhalten nur schwer gegen das normale abgrenzen; hier bedeutet normal nichts mehr als „oft beobachtet", abnorm heißt selten, und es gibt alle möglichen Zwischenstufen. Aber das gilt für alle Regulationen des Organismus und der Sozietät. Es zeigt abermals, daß sie sich nur derselben Vermögen bedienen, die auch das normale Leben gestalten. Diese sind genau so wunderbar wie die Regulationsvorgänge, das Grundproblem ist fast das gleiche. Da es sich herausgestellt hat, daß normales Sozialverhalten analysierbar ist, können wir gewiß mit denselben Methoden auch die Regulation erforschen; die in Reserve gehaltenen Mechanismen brauchen von den täglich benutzten nicht grundsätzlich verschieden zu sein.

VIII

STAMMESGESCHICHTLICHE BETRACHTUNGEN

Die vergleichende Methode

[118] Wir haben keine Urkunden über die Stammesgeschichte tierischer Gesellschaften. Da uns die Versteinerungen gerade vom Verhalten früherer Tiere nur wenig verraten, können wir die Geschichte der Gesellschaftsentwicklung nicht an den Objekten studieren, die sie selbst durchgemacht haben. Trotzdem aber erlaubt uns der Vergleich heute lebender Tiergesellschaften wichtige Rückschlüsse. In der Morphologie vergleicht man unausgesetzt; bevor wir diese fruchtbare Methode auf das soziale Verhalten anwenden, erinnern wir uns daran, wie der Morphologe sie handhabt.

Als erstes stellt man Ähnlichkeiten und Unterschiede fest und ordnet Tierarten nach steigender bzw. fallender Ähnlichkeit: ähnliche Tiere stellt man in eine Gruppe, ähnliche Gruppen in eine Gruppe nächsthöherer Stufe, und so fort. Ähnlichkeit gilt als Maßstab für Verwandtschaft. Beim Abschätzen von Ähnlichkeitsgraden gilt es, eine Klippe zu vermeiden: es gibt oberflächliche Übereinstimmungen, welche Verwandtschaft vortäuschen; z. B. scheinen uns Wale und Fische auf den ersten Blick recht ähnlich zu sein. Sieht man aber näher zu, so bleibt nicht viel mehr als die torpedohafte Stromlinienform, die wir doch lieber nicht überschätzen wollen. Denn äußerst zahlreiche andere Merkmale sind bei beiden sehr verschieden: das Skelett, die Haut, die Nasenhöhle, die Art der Fortpflanzung usw. In all diesem gleichen Wale nicht Fischen, sondern Säugetieren; und deshalb, weil die überwiegende Mehrzahl der Merkmale dafür spricht, halten wir die Wale für mit Säugetieren näher verwandt als mit Fischen. Die Palaeontologie bestätigt diesen Schluß.

Wale sehen fischähnlich aus, weil sich beide demselben Element angepaßt haben; so gewannen sie die gut vergleichbare Stromlinienform. Solch paralleles Sichanpassen verschiedener Tiergruppen an dieselbe Leistung ist weit verbreitet und heißt Konvergenz. In jedem Lebensvorgang kann man Konvergenzen finden, [119] mag sich Form — man nennt es allgemein Struktur — oder Leistung entwickeln; beide sind ja nur zwei Seiten desselben Dinges: funktionierende

Struktur, lebendige Gestaltung. Konvergenzen der ganzen Körperform zeigen Wale und Fische, Fledermäuse und Vögel, Möwen und Eissturmvogel; konvergente Organe sind die grabenden Vorderbeine des Maulwurfs und der Maulwurfsgrille, die Tastorgane von Insekten und Säugetieren. Auf der Suche nach Verwandtschaft muß man Konvergenz ausschließen; nur echte Ähnlichkeit, Homologie genannt, beweist stammesgeschichtliche Verwandtschaft.

Vergleicht man Tiere aus einer und derselben kleinen Gruppe, z. B. von gleicher Rasse, so haben sie unzählbar viele Merkmale gemeinsam; die Artdiagnose sagt nichts über Rassenmerkmale aus, die der Gattung nichts über Artmerkmale, und so fort. Je höher die systematische Einheit, je größer die Reichweite unseres Vergleichens, desto weniger ähnlich sind sich die Zugehörigen; aber auch eine so hohe Einheit wie die Wirbeltiere hat den Bauplan bis in kleinste Einzelheiten gemeinsam; alle Tiere bestehen aus Zellen, entwickeln sich aus einer Eizelle usw. Das alles erklärt die Stammesgeschichte durch die Annahme, je ähnlicher zwei Gruppen einander sind, um so enger sind sie verwandt, um so näher zurück liegt ihr gemeinsamer Ahn, um so weniger Zeit hatten sie, Unterschiede zu entwickeln. Zum Beispiel haben sich Wale und Fledermäuse an zwei recht verschiedene Medien angepaßt; aber weil beide trotz all ihrer Verschiedenheiten doch sämtliche Merkmale besitzen, die jedes Säugetier haben muß, um den Namen zu verdienen, sind sie beide Säugetiere.

Manche verschiedene Arten einer größeren Gruppe oder verschiedene kleine systematische Einheiten derselben höheren Einheit haben sich in gleicher Richtung entwickelt, aber verschieden weit. Daher kann man manche Entwicklungsbahnen entdecken, indem man Arten nach dem Grade ihrer Spezialisierung gegen einen bestimmten Typus hin in eine Reihe ordnet. Auch diese Methode erfordert viel Vorsicht, um Irrtümer zu vermeiden. Man kann kein Tier mit all seinen Merkmalen zugleich spezialisierter nennen als ein anderes; oft hat es sich in einem Merkmal weiter von der Ausgangsform entfernt als jenes, in anderen Merkmalen weniger weit.

Vergleich von sozialen Systemen

Wer Verhaltensweisen miteinander vergleicht, hat das Glück, die großen Linien der Stammesgeschichte bereits zu kennen; so haben wir es viel leichter als die Morphologen vor 300 Jahren, denen wir

dieses Wissen verdanken. Wenn wir z. B. feststellen, daß ein Tintenfisch beinahe ebenso balzt wie ein Fisch, sind wir keinen Augenblick
versucht, diesen Tintenfisch von jenem Fisch abstammen zu lassen;
denn die Morphologie hat uns längst gelehrt, [120] daß beide nur
sehr entfernt miteinander verwandt sind. Daß beide Flossen und
Augen haben, das beruht auf Konvergenz, und ebenso die Ähnlichkeit
ihres Balzens.

Andrerseits dürfen wir davon überzeugt sein, daß ähnliche Balzhandlungen nahe verwandter Arten homolog sind. Wenn das zick-
zacktanzende Männchen des dreistachligen Stichlings das Weibchen
erst führt und dann angreift, während umgekehrt der zehnstachlige
erst angreift und dann führt; wenn endlich der Seestichling nur angreift und gar nicht führt, außer wenn sein Weibchen ihn dazu auf-
fordert, so müssen wir annehmen, daß wir es mit drei Formen desselben Grundverhaltens zu tun haben. Wenn nahverwandte Arten
sehr verschieden balzen, so dürfen wir mit gutem Recht nach einer
gemeinsamen Wurzel fragen, aus der sich diese Verhaltensformen
auseinanderentwickelt haben.

Mit dieser Fragestellung hat man erst selten Verhalten systematisch untersucht. Aber soziales Verhalten eignet sich dafür deshalb
besonders gut, weil Verschiedenheit der Balzen sexuelle Isolation und
damit die Artbildung begünstigt. Weil also nahverwandte Arten
sich in ihrer Balzweise rasch voneinander entfernen, sind sie mit
ihren zahlreichen, so gut wie sicher homologen Verhaltensweisen für
stammesgeschichtliche Untersuchungen besonders geeignet.

Wie in der Morphologie kann man auf jeder Stufe vergleichen:
Gemeinschaften als solche, oder einen Funktionskreis, z. B. die Balz,

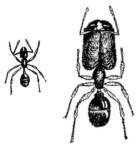 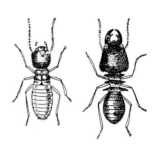

Abb. 66. Ein Ameisenarbeiter   Abb. 67. Ein Termitenarbeiter
(links) und -soldat (rechts)   (links) und -soldat (rechts)

oder ein Element desselben, z. B. einen Auslöser. Alle solche Vergleiche lassen sich schon jetzt durch hinreichendes Tatsachenmaterial rechtfertigen.

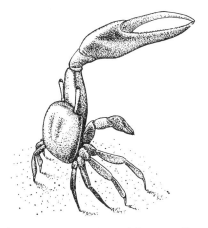

Abb. 68. Winkende männliche Winkerkrabbe (nach Pearse aus Verwey 1930)

Vergleichen wir das soziale Verhalten verschiedener Bienenarten, so finden wir, daß die meisten einzeln leben; nur die Honigbiene und zwei verwandte Arten bilden höchst differenzierte, vieltausendköpfige Staaten. Schon weil das Ausnahmen sind, schließen wir, daß die Bienen ursprünglich solitär waren. Wie S. 92 f. berichtet, gibt es Bienenverwandte, die bis zu einem gewissen Grade sozial sind [121] und als Zwischenstufen gelten dürfen. Vergleicht man solitäre Arten, erste Ansätze zur Staatenbildung und höchstorganisierte Staaten, so zeigt sich, daß der Staat aus einer Mutterfamilie entstanden ist. Am Anfang steht die Mutter mit ihrer Brut; dann kam es zur Arbeitsteilung und zu immer vielfältigerem Zusammenspiel.

Die Ameisen helfen uns insofern wenig, als es keine solitären gibt, und ebenso ist es bei den Termiten. Aber der Vergleich zwischen beiden enthüllt eine außerordentlich weitreichende Konvergenz. Der Termitenstaat hat einen anderen Ursprung als der von Ameisen und Bienen, denn bei den Termiten gibt es in allen Kasten Männchen, ihre Staaten sind aus der Elternfamilie entstanden. Wie bekannt, gehen die Konvergenzen bis in Einzelheiten; „Soldaten" (Abb. 66 und 67) z. B. gibt es bei beiden.

Auch die Einzelhandlungen sozialen Verhaltens können wir homolog bzw. konvergent unterscheiden, besonders schön die der Balz. Bei gut sehenden Tieren finden wir oft Geschlechtsdimorphismus, d. h. die Männchen tragen Prachtkleider oder geben optisch wirksame Signale, z. B. Winkerkrabben [19, 175] (Abb. 68), Tintenfisch (Abb. 46), Kampffisch [95], Eidechsen und Vögel. [122] Sie alle drohen mit ihren auffälligen Farben jeden erwachsenen Artgenossen an; ob dies Drohen dann in Kampf oder Werben übergeht, das richtet sich nach dem Verhalten des anderen. Das Weibchen hat spezifische Auslöser bereit, um die Weiche auf Balz zu stellen. Bei manchen Arten, z. B. Kampffisch und Tauben, überwiegt der Kampftrieb, bei anderen der Geschlechtstrieb; hier müssen dann besondere Auslöser der Männchen den Rivalenkampf erzwingen. Das gilt für Tintenfisch und Moschusente. Bei zwei heimischen Vögeln, Kampfläufer [94, 142] und Birkhuhn [82] balzen viele prächtige Männchen auf engem Raum beisammen, aber jedes für sich; die Weibchen erscheinen nur am Rande dieses Balzplatzes, um sich treten zu lassen. Die ganze Brutpflege müssen sie ohne männliche Hilfe besorgen, und es kommt zu keiner noch so bescheidenen persönlichen Beziehung. Das hat sich bei beiden Arten unabhängig voneinander entwickelt.

Innerhalb der Gattung kann man oft Homologien finden. Auf den ersten Blick scheinen Silbermöwen ganz anders zu balzen als Lachmöwen. Silbermöwen finden sich in dem Gelände, das der „Club" besetzt hält, während je zwei Lachmöwen zusammen ein Vorrevier gründen. Noch unverpaart ist das Lachmöwenmännchen allen fremden Artgenossen feind; [123] das der Silbermöwe greift andere Männchen an, aber fremde Weibchen nur zögernd. Die Lachmöwe hat eine Flugbalz, die Silbermöwe nicht. Jungverpaarte Lachmöwen fliegen auf Suche nach einem Brutrevier aus, das Silbermöwenpaar verläßt das Club-Gelände zu Fuß und wählt sein Revier oft dicht dabei. Auch die Instinktbewegungen sind verschieden, z. B. droht die Silbermöwe in aufrechter Haltung, die Lachmöwe „vorwärts". Das Silbermöwenweibchen besänftigt das kampfgestimmte Männchen durch die waagerechte Demuthaltung, während die Lachmöwe aufgerichtet den Kopf wegwendet, „wegsieht".

Tafel 7
Abendpfauenauge, oben in Ruhestellung, zeigt unten nach Berührung seine Augenflecken

Wie die nähere Analyse zeigt, bildet sich das Paar bei beiden Arten nach demselben Grundplan: das Weibchen nähert sich dem Männchen und beschwichtigt seine Angriffslust, indem sie das Gegenteil der Drohhaltung zeigt; das Paar gründet ein Dauerrevier. Die Unterschiede im Verhalten der beiden Arten hängen wohl mit zwei Umständen zusammen. Erstens fliegt die Lachmöwe, als die kleinere Art, viel mehr als die größere Silbermöwe: Daher hat nur sie eine Flugbalz entwickelt. Auch der Unterschied in den Drohhaltungen hängt damit zusammen; das Aufrechtdrohen der Silbermöwe gilt einem Gegner zu ebener Erde, während die Lachmöwe in waagerechter Drohhaltung einen Feind auch ebensogut angreifen kann, wenn er von oben her kommt. Endlich sucht die Lachmöwe ihr Revier im Fliegen, die Silbermöwe zu Fuß. Zweitens wird die Drohgebärde der Lachmöwe durch ihr dunkelbraunes Gesicht wirksam unterstützt, was wiederum bei der Entwicklung des „Wegsehens" als Beschwichtigungsgeste mitgesprochen haben dürfte.

Wir wissen von alledem noch viel zu wenig, um uns jetzt schon auch nur andeutungsweise ausdenken zu können, wie alle solche Verhaltensweisen sich stammesgeschichtlich entwickelt haben mögen.

Vergleich der Auslöser

Etwas besser sind wir auf der tieferen Stufe der Endhandlungen unterrichtet. Auch hier kann man leicht Homologien und Konvergenzen aufdecken. All die artverschiedenen Weisen des Übersprungputzens balzender Entenmännchen sind sicher nur Variationen über dasselbe Thema. Ebenso ist der Artgesang der Singvögel [124] so homolog wie sein Organ, die Syrinx; die Unterschiede fördern die Artentrennung durch geschlechtliche Isolation. Konvergent sind die frontalen Drohhaltungen der Fische, die ihre Kiemendeckel spreizen (Abb. 36), und die des Kampfläufers und des Haushahnes, die einen prächtigen Halskragen entfalten.

Der Vergleich homologer Auslöser miteinander hat zu bemerkenswerten Schlüssen über ihren Ursprung und ihre Stammesentwicklung geführt.

Bisher kennen wir zwei Entstehungsweisen: Auslöser entwickeln sich erstens aus Intentionsbewegungen. Ehe Enten und Gänse auffliegen, baut sich ihre Flugstimmung schrittweise auf. Sehr niedrige

Stimmungsgrade führen nur zu erster Andeutung der Aufflugbewegungen. Der Vogel wird lang und dünn, d. h. er legt das Gefieder eng an, dann hebt und senkt er mehrmals den Kopf, was den geringsten Stimmungsgraden entspricht. Je flugbereiter er wird, um so heftiger pendelt sein Kopf auf und ab, und auch andere Körperteile beteiligen sich: Die Flügel werden leicht angehoben, manchmal neigt sich der Körper etwas abwärts. Diese ersten Flugintentionen wirken als Auslöser auf die Gruppe.

In anderen Fällen bleibt es trotz starker Stimmung auch nur bei Intentionsbewegungen. Die aufrechte Drohhaltung der Silbermöwe verrät ziemlich starke Angriffslust. Trotzdem bleibt der Angriff meistens aus, weil ihm die gleichzeitig wache Flucht- bzw. Ausweichstimmung entgegenwirkt. Solche durch eine Hemmung bedingte Intentionsbewegungen dienen in vielen anderen Fällen als Schlüsselreize.

Zweitens können Auslöser aus Übersprungbewegungen entstehen, z. B. das Grasausrupfen der Silbermöwe, das Übersprunggraben des drohenden Stichlings, sein Nesteingangweisen, d. h. Übersprungfächeln; sie alle lösen beim Rivalen oder Geschlechtspartner bestimmte Antworthandlungen aus.

Versucht man sich vorzustellen, wie solche Bewegungen den Artgenossen „verständlich" geworden sein mögen, so ist nicht nach dem Ursprung der Signalbewegung gefragt, sondern nach der Bereitschaft des anderen, darauf zu reagieren. Diese Frage für die Intentionsbewegungen zu beantworten, ist genau so schwer wie für jeden anderen Außenreiz. Warum eine Amsel nach Regenwürmern pickt [125] oder vor dem Sperber flieht, oder warum sie die Alarmintention einer anderen Amsel beachtet, das ist beides gleich rätselhaft.

Von anderer Art ist die Frage, warum eine Silbermöwe das Übersprung-Grasrupfen richtig als Drohung „versteht", anstatt dadurch in Niststimmung zu kommen. Ich glaube, sie faßt es aus zwei Gründen als Drohung auf. Erstens wechselt es mit richtigem Angriffsverhalten ab, zweitens sieht es anders aus als beim Nestbau: die drohende Möwe pickt „wütend" nach dem Gras und zerrt aus Leibeskräften daran, als wäre es ihr Feind.

Ist die Bereitschaft, auf die Bewegung des Artgenossen zu antworten, einmal da, dann entwickeln Spieler und Gegenspieler die Signalfunktion gemeinsam weiter. Bei beiden beginnen neue Naturzüchtungsvorgänge. Vergleichende Untersuchungen haben uns manche

Seite dieses Vorganges erhellt [22]. Das Übersprungputzen, eine Balz-
bewegung vieler Entenmännchen, unterscheidet sich vom wirklichen
Gefiederputzen bei jeder Art auf etwas andere Weise. LORENZ [99] hat
es bei vielen Schwimmenten genau
beschrieben, gefilmt und abgebildet
(Abb. 69). Der Stockerpel macht es
verhältnismäßig einfach: er steckt
den Schnabel hinter den Flügel,
ganz so wie wenn er ihn wirklich
putzen wollte; nur ist die Geste
etwas starrer. Der Mandarinerpel
hat eine stark spezialisierte Bewegung: er berührt sehr rasch eine
bestimmte Armschwinge, deren
Außenfahne sich zu einer mächtigen,
leuchtend orangefarbigen Flagge
entwickelt hat, die von den übrigen
grünen Deckfedern deutlich ab-
sticht. Noch anders macht es der
Knäkerpel: er berührt den Flügel
von außen, genau da, wo die leuchtend graublauen Deckfedern sitzen.
Mandarin- und Knäkerpel zeigen
also auf eine besonders auffällige
Flügelstelle. [126] Das macht die
Bewegung noch eindrucksvoller und
stereotyp, sie wird zum „Ritus".
Jede Art ist ihren eigenen Weg
gegangen und hat ihre Bewegung

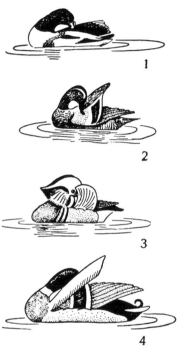

Abb. 69. Übersprungputzen beim balzenden
Erpel. 1 Branderpel, 2 Knäkerpel, 3 Mandarinerpel, 4 Stockerpel (1 nach MAKKING 1931, 2—4
nach LORENZ 1941)

immer eigenartiger werden lassen. Wenn sich Naturzüchtung solch
ein Signal, Struktur und Bewegung, „vornimmt" und es immer auffälliger und artspezifischer werden läßt, so nennen wir diesen stammesgeschichtlichen Vorgang Ritualisierung.

Alle bisherigen Feststellungen machen es wahrscheinlich, daß Bewegungen, die heute Auslöser sind, es ursprünglich nicht waren. Erst
nachdem sie Signalbedeutung gewonnen hatten, begann der Anpas-
sungsvorgang der Ritualisierung, der die Bewegung umformte und
dazu passende Strukturänderungen nach sich zog.

[127] Ritualisierung hat in doppelter Hinsicht Anpassungswert. Solche Auslöser sind immer auffällig und zugleich einfach; beides paßt zu den begrenzten Möglichkeiten angeborener Antwortbereitschaft. Jede angeborene Reaktion bedarf spezifischer Auslöser; so oft man untersuchte, was für Reize die Reaktion auszulösen vermögen, fand man, daß es immer einfache und auffällige Reize waren. Durch Ritualisierung können sich die Auslöser zu solch ausgesprochen schauwirksamen „Signalreizen" spezialisieren; Auslöser sind sozusagen „materialisierte Signalreize". Ferner macht Ritualisation den einen Auslöser verschieden von allen anderen Auslösern derselben Tierart oder anderer. Das erleichtert die Verständigung zwischen Artgenossen und macht es unwahrscheinlich, daß andere Arten auch darauf ansprechen.

Sowohl Intentionsbewegungen wie Übersprunghandlungen dürften sich in gleicher Weise ritualisiert haben. In beiden Fällen ist bald die Bewegung, bald die Struktur stärker betont. Besonders häufig ändert sich eine Bewegung „schematisierend", d. h. manche Einzelheiten werden überbetont, andere unterdrückt. So ist es z. B. bei manchen Bewegungen der Entenbalz. „Kurzhochwerden" bedeutete ursprünglich Anheben des Kopfes und Schwanzes. Die Knäkente hat das Zurücklegen des Kopfes übertrieben, während das Schwanzheben weggefallen ist. Die chilenische Krickente dagegen hebt vor allem die Brust hoch, der Schwanz bleibt auch bei ihr unbeteiligt. Bei der Spießente gehen Kopf und Schwanz nach oben; die beiden hellen Dreiecke am Schwanzansatz und die langen Spieße erhöhen die Schauwirkung der Bewegung.

Physiologisch kann man diese und andere Seiten der Ritualisierung durch die Annahme deuten, daß sich die Schwellen der verschiedenen Bewegungselemente gegeneinander verschoben haben. Es ist hier nicht der Ort, das genauer auszuführen; doch möchte ich betonen, daß das Studium der Stammesgeschichte von Auslösern uns Fingerzeige zur Lösung der Frage gibt, wie überhaupt „neue" Verhaltensanteile entstehen und sich entwickeln konnten: denn tatsächlich entstehen, indem Intentions- und Übersprungbewegungen [128] ritualisiert werden, neue Bewegungsformen. Auch das kann hier nicht weiter verfolgt werden.

Schlußfolgerungen

Was bisher an Hinweisen zur Frage nach Ursprung und Entwicklung von Auslösern vorliegt, besonders solchen, die bei Balz und Drohung beteiligt sind, macht immer deutlicher, daß sie ursprünglich zufällige Nebenprodukte waren; zentralnervöse Erregung entlud sich als Intentionsbewegung oder Übersprunghandlung und zwar meist dann, wenn gleichzeitig aktivierte gegensinnige Triebe die normale Entladung unterdrückten. Das gilt für alle die „unterdrückten Intentionsbewegungen", alle Übersprunghandlungen, die zum Drohen dienen, und vielleicht für viele solche bei der Balz. Es könnte verständlich machen, warum „Imponiergehabe" gerade in der Balz und als Drohung so weitverbreitet ist. Bei der Werbung ist der Geschlechtstrieb wohl oft am stärksten beteiligt, aber Angriffs- und Fluchttrieb werden nur selten ganz fehlen. Beim Drohen [166] streiten Kampf- und Fluchttrieb miteinander. Kampf und Geschlechtsverhalten sind für die Erhaltung der Art notwendig, keines von beiden darf fehlen. Weil angeborenes Verhalten auf einfache Signalreize antwortet und das Weibchen als Artgenossin des Männchens zwangsläufig sowohl Angriff wie auch Geschlechtsverhalten auslösende Reize aussendet, reizt das sich nähernde Weibchen den Mann stets gleichzeitig zum Angriff und auch sexuell. Ein weniger kampfbereites Männchen könnte zwar rein geschlechtlich reagieren, nicht aber mit anderen Männchen fertig werden, die mit ihm rivalisieren. Wäre sein Geschlechtstrieb stärker, so würde der nicht nur seine Angriffslust gegenüber dem Weibchen unterdrücken, sondern auch alle anderen Triebe, z. B. den zur Flucht vor Raubtieren: ebenso gefährdet wäre er bei schwächerem Fluchttrieb, unbeschadet größerer Erfolge gegen Rivalen. Tatsächlich sind bei jedem Tiere die drei Triebe wohl gegeneinander ausgewogen. Drohung und Balz sind unvermeidliche Folgeerscheinungen dieses Gleichgewichts; durch Ritualisation sind sie so brauchbar geworden, wie es unter den jeweiligen Umständen immer möglich war.

IX

EINIGE RATSCHLÄGE
FÜR TIERSOZIOLOGISCHE ARBEIT

[129] Schon ein flüchtiger Blick auf die Namen im Schriften-
verzeichnis zeigt, wieviel die Tiersoziologie der Arbeit von „Liebhabern" verdankt. SELOUS, HOWARD, PORTIELJE, um nur wenige zu
nennen, deren Beiträge unser Wissen wesentlich gefördert haben,
waren und sind keine Zoologen vom Fach. Ja, die akademische
Zoologie hat die Tiersoziologie lange vernachlässigt; ihre ersten
Anfänge dankt sie Liebhabern oder Zoologen, die sich ihre Methoden selbst schaffen mußten. HEINROTH und HUXLEY haben ihre
Pionierarbeit für uns als Autodidakten getan. Dank ihrem Werk und
seiner Fortsetzung durch LORENZ und seine Mitarbeiter beteiligen
sich jetzt auch immer zahlreichere Zoologen, so daß die Forschung
rascher fortschreitet, immer neue Begriffe bzw. Termini eingeführt
werden und die Literatur mächtig anschwillt. Das alles ist erfreulich,
hat aber den Nachteil, daß sich die Forschung zunehmend auf Fach-
kreise beschränkt. So glauben viele Liebhaber nicht mehr Schritt
halten zu können, geschweige denn, sich an Originalarbeiten heran-
wagen zu dürfen. Solchen Pessimismus halte ich für unbegründet.
Weitere Mitarbeit von Nichtzoologen ist nicht nur möglich, sondern
auch höchst erwünscht; denn der Mangel eines geregelten Fach-
studiums hat neben seinen Nachteilen auch unleugbare Vorteile.
Gewiß gibt Studium Wissen und Denkdisziplin, aber es kann die
Unbefangenheit des Anschauens ersticken. Der Liebhaber geht un-
voreingenommen an die Dinge heran, und das kann äußerst nützlich
sein. Dieses letzte Kapitel will denen, die zur Mitarbeit bereit sind,
einige Ratschläge geben.

Zweifellos danken wir die wertvollsten Beiträge denen, die
manches Jahr ihres Lebens der geduldigen, liebevollen Beobachtung
einer einzigen Tierart gewidmet haben. Der Vergleich mehrerer
Arten, mögen sie nahe miteinander verwandt sein oder nicht, ist

ebenfalls sehr wichtig gewesen; [130] aber fruchtbar wird er erst, nachdem man eine Art wirklich durch und durch kennen gelernt hat.

Es kann gar nicht genug betont werden, wie notwendig es ist, die Beobachtungen möglichst umfassend zu beginnen und sie nach allen Richtungen zu vertiefen. Viele Menschen, vor allem junge Anfänger, wollen sich gleich auf eine bestimmte Frage werfen und sie zu lösen versuchen. So löblich das ist, muß man diese Neigung zügeln; sonst kommt ein Haufen zusammenhangsloser Einzelergebnisse heraus, eine soziologische Raritätensammlung. Es bedarf vielmehr eines weiten Überblickes und lebendiger Anschauung des ganzen Tatsachenbereiches, um jede Einzelfrage richtig einzuordnen; nur auf solchem Grunde kommen Analyse und Synthese ins rechte Gleichgewicht zueinander. Das gilt natürlich nicht nur für die Soziologie, sondern für jede Wissenschaft; aber in Sachen der Verhaltensforschung hat man es besonders oft vergessen.

Da dieser Schatz an eigener Anschauung, wie ich meine, nicht groß genug sein kann, wollen wir ein wenig dabei verweilen. Es kam einmal ein begeisterter Student von weit her, um bei uns soziologische Arbeitsmethoden zu üben, und zwar wünschte er die volle Experimentaltechnik zum Studium der Auslöser zu erwerben. Ich versuchte vergeblich, ihn davon zu überzeugen, daß er besser täte, mit einfacher Beobachtung dessen zu beginnen, was alles eine Tierart tut und wie sie es macht. So ließ ich ihm seinen Willen, und er begann zu zählen, wie oft ein Stichlingsmännchen in seinem Revier nach einer roten Attrappe biß und wie oft nach einer silbrigen. Seine Ergebnisse schienen unseren älteren Befunden zu widersprechen: die roten Attrappen erzielten nur wenig höhere Bißzahlen als die silbrigen. Die Nachprüfung ergab, daß der Fisch auch noch andere Feindreaktionen zeigte; er stellte die Rückenstacheln auf, setzte zu Angriffsstößen an usw.; all diese Antworten wurden von den roten Attrappen viel häufiger ausgelöst. Weil der Student die Beobachtung des Artverhaltens übersprungen hatte, kannte er die Angriffsweisen des Stichlings nicht und hatte daher all diese angedeuteten Reaktionen, Drohungen usw. nicht als solche erkannt. Jetzt fand er sich bereit, erst einmal „problemlos" zuzusehen, was seine Fische den ganzen Tag taten. Als er einige Tage später seine Versuche wieder aufnahm, hatte er klare, richtige Ergebnisse.

Auch wird niemand eine Übersprunghandlung verstehen, ohne vorher das zu dem Triebe gehörige Verhalten zu erkennen, [131] der sich in den Übersprung entlädt, und dazu das Normalverhalten, in das die Erregung überspringt. Solche Kritiker pflegen den Begriff als unsinnig abzulehnen, anstatt sich geduldig in die Tatsachen zu vertiefen, die sich nur so deuten lassen. Nur wer beide Normalabläufe in allen möglichen Einzelheiten genau kennt, sieht auch Übersprünge und kann ihre Verknüpfungen mit beiden Trieben ablesen.

Das „Wegsehen" der Lachmöwen, das den Angriffstrieb der Paarungswilligen beschwichtigt, kann nur richtig deuten, wer auch sein Gegenstück, das „Vorwärtsdrohen" kennt (Tafel 2). Ohne das Angriffs- u n d Balzverhalten studiert zu haben, kann kein Beobachter das Wegsehen verstehen. Ohne Kenntnis der Drohweisen sieht auch niemand die wichtige Tatsache, daß jede Balz zugleich Angriff ist.

Das Wiederaufleben des Gesanges, mit dem das Wassertreterweibchen sein Männchen zum Nest führt, ehe sie ein Ei hineinlegt, ist unverständlich, außer wenn man weiß, daß das revierbesitzende Weibchen im Frühjahr durch denselben Ruf unverpaarte Männchen herbeilockt. Und selbst dann bleibt die Ei-Zeremonie rätselhaft, bis man herausgefunden hat, daß nur das Männchen brütet und ihm gezeigt werden muß, wohin das Weibchen die Eier legen wird. Dies endlich erhält seinen Sinn, sobald man erfährt, daß beim Wassertreter die Geschlechter die Rollen getauscht haben, sowohl im Gefieder als auch im Verhalten.

Was diese wenigen Beispiele lehren, gilt allgemein. Obwohl es manchmal große Selbstüberwindung kostet, mit einfacher Allgemeinbeobachtung zu beginnen, ehe man Einzelfragen nachgeht, und obwohl diese unerläßliche erste, oft lange Arbeitsphase keinerlei aufsehenerregende „Resultate" einbringt, wird Ausdauer endlich belohnt; ganz allmählich kommt Sinn in die Dinge, überall tauchen Fragen auf, die nun in rechter Weise zusammenhängen und jetzt zum Teil auch lösbar sind.

Dies problemlose Zuschauen kommt nie zum Ende; man darf nicht damit aufhören, sondern muß es immer wiederholen. Im Verkehr der Artgenossen geschieht so vieles gleichzeitig, daß man unmöglich

alles sehen kann. Einmal muß man den Angreifer, dann den An-
gegriffenen beobachten, und ebenso alle Artgenossen rund herum.
Auch eine Bewegung nur eines Tieres erfaßt man nicht beim ersten
Sehen, abgesehen davon, daß alles zugleich geschieht. Nur durch
Zusehen, Protokollieren und Zeichnen, nur wenn man sich Rechen-
schaft gibt, über wie vieles man sich noch nicht klar ist, [132] wieder
und wieder beobachtet und so seine Beschreibung Schritt für Schritt
vervollständigt, kann man den Grad von Zuverlässigkeit und Voll-
ständigkeit erreichen, der vernünftigerweise zu erwarten und zu
fordern ist. Ich darf ohne Übertreibung sagen, daß ich dreistachlige
Stichlinge Hunderte von Malen habe balzen sehen, und immer noch
entdecke ich neue Einzelheiten, von denen manch eine zu besserem
Verständnis von Grundfragen beiträgt. Filmaufnahmen sind eine
ausgezeichnete Hilfe. Das gute Laufbild eines seltenen Vorganges
kann uns soviel lehren wie viele Stunden oder Tage geduldigen
Wartens und Beobachtens.

Außerordentlich viel läßt sich draußen im Freien am Wildtier
beobachten. Der entscheidende Vorteil ist, daß die Tiere hier in ihrer
natürlichen Umgebung leben, die man den gefangen gehaltenen nur
sehr schwer ersetzen kann, daß sie ganz gesund sind und keiner Pflege
bedürfen; die Natur selbst hält sie für uns. Der Nachteil, daß sie
scheu sind, läßt sich durch Verstecke ausgleichen. Freilandbeobachtung
hat besonders bei Vögeln und Insekten ausgezeichnete Ergebnisse
gezeigt, von denen wir hier einiges erfahren haben: MAKKINK hat
seine Säbelschnäbler, KORTLANDT Kormorane, LAVEN Sandregenpfeifer,
LACK Rotkehlchen, wir und viele andere haben Möwen im Freiland beobachtet. Die Ausrüstung ist einfach. Feldgläser sind für
Dauerbeobachtungen fast unentbehrlich, dazu ein Stativ mit allseitig
verstellbarem Gelenkkopf. Denn wer das Glas eine Stunde lang gehalten hat, dessen Hände fangen an zu zittern, und gleich von
Anfang an schlägt es mit unserem Puls; man sieht erstaunlich viel
mehr im festgestellten Glase. Zur Not kann man es auf einen Stein-
aufbau, einen Zaun oder Ast legen und mit einem Stein beschweren.

Ferner ist es notwendig, die Tiere persönlich kenntlich zu machen.
Gewiß kann man manche ohnedem nach Besonderheiten ihres Ge-
fieders, einem Beinschaden, ungewöhnlicher Größe oder Kleinheit usw.
ansprechen; aber gerade solche Tiere, die an einer wenn auch nur
geringen Abnormität erkennbar sind, könnten sich auch abnorm ver-

halten oder bei anderen ungewöhnliches Verhalten auslösen. In der Zugforschung hat man seit langem Aluminiumringe verwandt. [133] Aber die Nummern darauf sind für das Ablesen aus der Ferne fast immer zu klein. Für so große Vögel wie den Storch hat man hohe Ringe mit weithin lesbaren Zahlen; für kleine Arten ist der bunte Ring unentbehrlich. Setzt man mehrere Ringe übereinander aufs gleiche Bein, so sind aus wenigen Farben so viele Kombinationen möglich, daß man sehr zahlreiche Tiere danach individuell kennzeichnen kann. Manchen Vögeln kann man auch auf beide Beine je zwei bis drei Ringe ziehen. Von meinen so markierten Silbermöwen flogen einige stets fröhlich klingelnd auf, schienen sich nicht im geringsten darum zu kümmern und lebten jahrelang.

Für manche Beobachtungen und um zu photographieren, muß man ein Versteck haben. Ich benutze würfelförmige Zelte von 120 cm Seitenlänge, deren Metallstäbe aus je zwei Stücken zusammensetzbar sind. Sie sind in wenigen Minuten aufgestellt, leicht zu transportieren, und wenn man sie richtig festzurrt, halten sie auch einen Sturm aus. Beobachtungsfenster tarnt man außen mit Pflanzen; die Blätter im vollen Tageslicht zerschneiden die verräterischen Konturen des schwarzen Loches. Dann darf sich der Beobachter im Zelt bewegen, ohne daß es die Vögel bemerken; doch soll man nie zwei einander gegenüberliegende Fenster haben, da sonst der Schattenriß des Beobachters durch das hinter ihm liegende Fenster sichtbar wird.

Für andere Zwecke aber ist es entschieden besser, frei zu sitzen und vollen Überblick zu haben; denn oft muß man ebensogut wissen, auf welche Ereignisse in der Umgebung die Vögel antworten, wie sehen, was sie selbst tun. Man muß soweit von ihnen entfernt bleiben, daß sie sich ungestört fühlen. Verhält man sich völlig ruhig, so kümmern sich die Vögel um den stummen Gast, auch wenn er recht nahe herangerückt ist, ebensowenig wie um eine Kuh; ein für den Beobachter äußerst günstiger Umstand.

Um Vögel zu beobachten, muß man früh aufstehen. Die meisten Arten sind am tätigsten um Sonnenaufgang, zumal in der Balz; einen zweiten, weniger hohen Tätigkeitsgipfel erreichen sie am Abend. Am besten ist man eine Stunde vor Sonnenaufgang zur Stelle und bleibt vier oder fünf Stunden. Ist man erst einmal daran gewöhnt, dann hat man es so viel lieber als später aufzustehen, wenn die Sonne schon hoch steht, der Tau verdampft ist [134] und die

Landschaft trocken, farblos und nüchtern aussieht. Je rascher man dem Wecker gehorcht, um so leichter ist es.

Auch Insekten lassen sich gut im Freien beobachten, ja in mancher Hinsicht besser als Vögel. Sie sind viel weniger scheu und längst nicht so früh tätig, so daß man es bequemer hat, ihnen Tag für Tag zuzusehen. Wer ausdauernd ist, beginnt seinen Tag mit den Vögeln und setzt sich gegen 9 Uhr auf Insekten an.

Der große französische Insektenforscher FABRE hat gezeigt, wieviel Wichtiges man durch bloßes Zusehen entdecken kann. So wertvoll sein Werk für seine Zeit war, ist es doch für unsere Zwecke nicht genau genug. Was man aus Dauerbeobachtung individuell bekannter Insekten erschließen kann, dafür ist BAERENDS' Arbeit über das Verhalten der Sandwespe *Ammophila* ein gutes Beispiel. Hier deckte er sehr verwickelte Beziehungen zwischen dem Weibchen und seinen Kindern auf. Jede Larve lebt für sich allein in einer Nesthöhle und ernährt sich von gelähmten Raupen, die ihr die Alte zugetragen hat. BAERENDS beobachtete an markierten Nestern und markierten Weibchen nicht nur den normalen Ablauf bis ins einzelne, sondern machte auch viele Freilandversuche. Er fand z. B., daß jedes Weibchen zwei, ja drei Nester zugleich betreuen kann, jedes so, wie es dem Alter der Larve darin entspricht, und daß sie genau weiß, wann eine jede Larve neue Zufuhr braucht. Indem er Gipsnester an Stelle der natürlichen setzte, konnte er die Höhle jederzeit öffnen und ihren Inhalt verändern. So bewies er, daß das Weibchen sein Verhalten nach dem Alter der Larve, der Anzahl der Raupen im Nest und anderen Befunden richtet.

Insekten bieten ein unerschöpfliches Arbeitsfeld. BAERENDS' Arbeit zeigt, was für wundervolle Tiere die Sandwespen sind. Bei Schmetterlingen haben wir mit dem Samtfalter erst einen vielversprechenden Anfang gemacht; die Samtfalterarbeit zeigt, was wir da zu erwarten haben. Eine andere fesselnde Gruppe sind die Libellen; die schöne *Calopteryx virgo* [10] z. B. hat eine Balz entwickelt, die der von vielen Vögeln und Fischen ähnelt. Die Männchen verteidigen ein Revier gegen ihresgleichen und haben ein hochdifferenziertes Paarungsvorspiel mit ganz vorwiegend optischen Auslösern. Heuschrecken haben wieder andere Balz- und Kampfesweisen entwickelt, [135] wie die Arbeiten von FABER [37], JACOBS [65], DUYM und VAN OYEN [26] zeigten. Die bisher über Säugetiere (SCHENKEL [133],

HEDIGER [55—58], CARPENTER [14], EIBL-EIBESFELDT [27, 28, 31, 32, 34]), über Eidechsen (NOBLE [113], KRAMER [78], KITZLER [68]), Anuren (EIBL-EIBES-FELDT [29, 33]) und Spinnen (GERHARDT [48], CRANE [20], DREES [25], PRECHT [122]) vorliegenden Arbeiten, auch wenn sie an Zahl weit hinter denen über Vögel zurückbleiben, gestatten aufschlußreiche Vergleiche. Diese Gruppen verdienen weit größere Aufmerksamkeit, als sie bisher gefunden haben.

Eine weitere Möglichkeit für soziologische Arbeit bieten die Zoologischen Gärten. Dort kann man aus nächster Nähe Verhalten beobachten, und oft ruft die mehr oder weniger ungewöhnliche Umgebung Abweichungen vom normalen Verhalten hervor, die für das Verständnis der natürlichen Beziehungen von großem Wert sind. Auch kann man dort ausländische Arten beobachten, deren Heimat dem europäischen Feldbeobachter nur ausnahmsweise erreichbar ist. O. HEINROTH, der in Berlin arbeitete, K. M. SCHNEIDER in Leipzig und PORTIELJE in Amsterdam sind Pioniere dieser Richtung, und die lange Reihe ihrer Arbeiten belegt den Wert der Zoologischen Gärten für die soziologische Forschung. Das ist heute allgemein anerkannt; auch in Berlin, Bern, Frankfurt a. M. und Zürich sind die Direktoren Verhaltensforscher.

Als einen ebenfalls äußerst geeigneten Zoo für Wassertiere kann man das Aquarium ansehen. Das ist der billigste Weg, Tiere in nahezu natürlichen Bedingungen zu halten. In einem Glasbecken von 45 : 30 : 30 cm kann jeder umsonst alles beobachten, was in diesem Buch vom drei- und vom zehnstachligen Stichling gesagt wurde, und noch viel mehr als das. Es kostet ein paar Stunden im ersten Frühling, um die Fische zu fangen, auch muß man täglich einen Regenwurm ausgraben; das ist alles. Viele einheimische Fische hat noch niemand untersucht, und auch die verschiedenen Molcharten wären genaueren Studiums wert. Bis zum Seewasseraquarium ist es dann nur noch ein kleiner Schritt; auch ein warmes Becken ist billig herzustellen, so daß man all die vielen aus den Tropen eingeführten Arten studieren kann. Auch dieser Aufgabenkreis ist so gut wie unbegrenzt. Viele Fischgruppen haben höchst differenzierte optische Auslöser entwickelt, und ihre Fähigkeit, [136] je nach ihrer Stimmung die Farbe zu wechseln, macht ihr Studium fast noch aufschlußreicher als das von vielen Vögeln. Einen ganz besonderen Zoo hat LORENZ entwickelt; er hält Tiere in Gefangenschaft mit freiem Auslauf. Indem er sie selbst aufzieht, bindet er sie sozial an sich selbst, weshalb sie bei ihm bleiben oder freiwillig wieder zu ihm zurückkehren. Viele von ihnen behandeln ihn als ihresgleichen: sie balzen ihn an, kämpfen mit ihm oder versuchen ihn auf ihren Ausflügen mitzunehmen. So bieten sich einzigartige Beobachtungsmöglichkeiten, die LORENZ gründlich ausnützt, indem er buchstäblich Tag für Tag mit ihnen zusammenlebt. Allerdings sei jedem, den es drängt, ihm solches nachzuahmen, gesagt, daß dies ohne das ständige Einverständnis der Hausfrau undurchführbar ist.

Der Beobachtung folgt der Versuch. Auch er ist oft im Freiland möglich. Der Übergang von bloßer Beobachtung zum Versuch soll schrittweise vonstatten gehen. Die ersten Fragen nach Kausalbeziehungen lassen sich durch „Naturexperimente" beantworten. Die Bedingungen, unter welchen biologische Vorgänge in der Natur ablaufen, sind so wechselnd, daß der Vergleich von Umständen, unter denen dasselbe geschieht, oft den Wert eines Versuches hat, den man nur noch durch Kontrollversuche voll auszuwerten braucht. Zum Beispiel lehrt HEINROTHS Beobachtung des Schwans, der seine gründelnde Gattin angriff, daß er sie am Gesicht erkennt, woraufhin man weitere Versuche planen kann. Die Tatsache, daß das Stichlingsmännchen ein Weibchen zum Nest führt und es gleich nach dem Ablaichen wieder verjagt, spricht dafür, daß ihr dicker Bauch, den sie vorher hatte, ein wichtiger Balzauslöser ist. Wenn ich wiederholt weibliche Wassertreter vorbeikommende Sandregenpfeifer, Spornammern und Seestrandläufer, nie aber Schneeammern anbalzen sah — nur diese haben einen auffälligen weißen Fleck auf dem Flügel — so lag die Annahme nahe, daß nahezu jeder dunkelbraune Vogel, der ebenso groß ist wie der Wassertreter, diesen zur Balz anregt. Ein aufmerksamer Freilandzoologe kann täglich viele solcher Naturversuche zu Gesicht bekommen, [137] die ihm Kontrollversuche in Fülle nahelegen werden. Da man mit Attrappen sehr leicht Farbe und Form nachahmen und variieren kann, Bewegungen aber nur sehr unvollkommen, so beruht der Nachweis, daß bestimmte Bewegungsweisen Auslöser sind, fast ausschließlich auf langen Reihen von „Naturversuchen".

An gefangen gehaltenen Tieren hat man weit mehr Versuche gemacht als im Freiland, weil jene sich dem Versuch nicht entziehen können, auch wenn sie es möchten. Aber das bringt die Gefahr mit sich, daß der Versuchsleiter zu viel experimentiert. Jeder Versuch mit Tieren hat in mehreren Hinsichten seine Bedenken. Erstens muß das Tier in der richtigen Stimmung sein. Es hat wenig Sinn, dem Möwenkücken, das soeben den Warnruf der Alten gehört hat oder gerade gefüttert wurde, Schnabelmodelle (S. 72) anzubieten. Am gefährlichsten ist die Fluchtreaktion; denn nur zu leicht weckt man die Neigung zu fliehen. Wohl kann man offenkundiges Flucht-verhalten kaum je übersehen oder falsch verstehen. Aber selbst schwächste Grade der Fluchtstimmung können anderes Verhalten unterdrücken, und man muß genau beobachten und seine Tierart gründlich kennen, um auch kleinste Anzeichen der Hemmung durch Angst zu erkennen. Das ist wenig verwunderlich, wenn wir be-denken, wie viele Menschen selbst ganz deutliche Ausdrucksbewegun-gen ihrer Mitmenschen übersehen; bei Tieren, die man doch weniger gut versteht als seinesgleichen, wird uns noch viel mehr entgehen.

Jeder Versuch muß mehrmals wiederholt werden, um Faktoren auszuschließen, die der Versuchsleiter nicht in der Hand hat und die sich ändern können, ohne daß er es bemerkt. Oft möchte man mehr-fach dasselbe Tier benützen, statt für jeden Einzelversuch ein neues. Dann aber muß man beweisen, daß es im Verlauf der Versuchsreihe unverändert bleibt. Erstens nämlich kann sich sein Trieb erschöpfen und seine Handelnsbereitschaft entsprechend sinken, vor allem wenn die Versuche zu schnell aufeinander folgen. Zweitens kann es lernen. Junge Silbermöwen, denen immer wieder Kopfattrappen gezeigt wurden, nach denen sie pickten, ohne dort jemals Futter zu erhalten, taten es immer seltener: sie gewöhnten es sich ab. [138] Gänse, über denen wir Raubvogelflugbilder aus Pappe am Draht entlang zogen, lernten den Versuchsablauf voraussehen und riefen schon Alarm, wenn der Versuchsleiter auf den Baum kletterte, um das Modell aufzuhängen.

Deshalb sind stets Kontrollversuche notwendig. Jeder Versuch ist ein Vergleich der Wirkungen zweier Situationen, die sich in dem einen Faktor unterscheiden, dessen Einfluß man untersuchen will. Um z. B. zu erfahren, welche von den Eiern ausgehende Reize Brüten auslösen und welche nicht, genügt es nicht festzustellen, daß der Vogel eine Eiattrappe annimmt; sondern man muß die Reaktion auf die Attrappe mit der auf das normale Ei vergleichen. Reagiert er verschieden stark, so muß der Unterschied zwischen Ei und Modell dafür verantwortlich sein. Der Versuch allein mit der Attrappe, ohne

Kontrolle, beweist nur, daß das abnorme Ei Reize sendet, die Brüten auslösen, nicht aber, daß es alle die Reize sendet, die vom normalen Ei ausgehen. Das versteht sich ja eigentlich von selbst; aber es mußte gesagt werden, da mehr als eine Arbeit in wissenschaftlichen Zeitschriften erschienen ist, in der dieser Fehler gemacht wurde.

Das sind wohl die wichtigsten Fehlerquellen; wir können hier nur ganz allgemein gehaltene Ratschläge geben. Die erwähnten Gefahren lauern in den mannigfaltigsten Verkleidungen und Verstecken, und oft braucht es „Intuition", um sie zu erkennen und einzuschätzen. Es gilt, dem Tier nur hie und da einen Versuch zu stellen, ohne daß sein normales Leben dadurch gestört wird; mag das Versuchsergebnis für uns noch so aufregend sein, das Tier darf am besten gar nichts davon merken. Wem das Gefühl für solche Arbeitsweise abgeht, der wird unvermeidlich anstoßen, ebenso wie manche Leute bei jeder erdenklichen Gelegenheit feine Möbel und empfindliches Geschirr beschädigen oder zerbrechen, ohne es je zu merken.

Der letzte Schritt ist die Veröffentlichung. Gute Arbeiten sind in den meisten zoologischen Zeitschriften willkommen. Die „Zeitschrift für Tierpsychologie" und die internationale Zeitschrift „Behaviour" gelten ausschließlich der Verhaltensforschung. Vogelarbeiten passen auch in die ornithologischen Zeitschriften, wie das „Journal für Ornithologie" und einige andere.

Einfache und klare Sprache ist dringend erwünscht, [139] nicht nur für den Leser, sondern auch für den Autor. Oft hilft ihm das Niederschreiben, seine Gedanken zu ordnen und das Problem klar zu sehen. Abbildungen sind ein wesentlicher Teil solcher Veröffentlichungen. Differenziertes Verhalten läßt sich allein mit Worten nicht bis ins einzelne so beschreiben, daß der Leser es sich anschaulich vorstellen kann. Eine mittelmäßige Zeichnung oder ein Lichtbild hilft oft mehr als zwei Seiten voll gewissenhafter, aber zwangsläufig trockener, unanschaulicher Worte. Der Beobachter sollte draußen Skizzen machen, sie immer wieder nachprüfen und verbessern. Laufbilder sind äußerst nützlich, ja für genaue Auswertung nahezu unersetzlich; sie können auch als Grundlage für Zeichnungen dienen. Aus Ersparnisgründen sollte man Strichzeichnungen bevorzugen. Wissenschaftliche Zeitschriften haben meist verhältnismäßig niedrige Auflagen. Deshalb sollten, um eines erschwinglichen Abonnementspreises willen, alle entbehrlichen Unkosten vermieden werden.

Fast immer muß man Literatur gelesen haben, ehe man veröffentlicht. Wenn auch heute noch ein großer Teil der einschlägigen Arbeiten deutschsprachig ist, nimmt die Zahl der ausländischen Gleichstrebenden doch ständig zu. Ein alphabetisches Verzeichnis der englischen Fachausdrücke der Vergleichenden Verhaltensforschung, das das Verständnis der englisch geschriebenen Arbeiten erleichtern soll, findet der Leser am Schluß der deutschen Übersetzung von N. Tinbergens ‚Instinktlehre' (Verlag Paul Parey).

Doch wollen wir betonen, daß auch noch so intensives Lesen, so unentbehrlich es ist, eigene Anschauung tierischen Verhaltens niemals ersetzen kann. Stets sind und bleiben die Tiere viel wichtiger, als alle Bücher, die wir über sie schreiben.

Tafel 8
Karminbärchenraupen mit echter Warnfärbung. Ihre Feinde meiden sie nicht angeborenermaßen, sondern lernen, die auffällige Färbung als Zeichen üblen Geschmacks zu werten

SCHRIFTENVERZEICHNIS

[1] ALLEE, W. C., 1931: Animal aggregations. Chicago.

[2] ALLEE, W. C., 1938: The social life of animals. London-Toronto.

[3] BAERENDS, G. P., 1941: Fortpflanzungsverhalten und Orientierung der Grabwespe *Ammophila campestris*. Jur. Tijdschr. Entomol., **84**, 68—275.

[4] BAERENDS, G. P., 1950: Specializations in organs and movements with a releasing function. Symposia of the S. E. B., **4**, 337—360.

[5] BAERENDS, G. P., und J. M., 1948: An introduction to the study of the ethology of Cichlid Fishes. Behaviour, Suppl., **1**, 1—242.

[6] BATES, H. W., 1862: Contributions to an insect fauna of the Amazon Valley. Trans. Linn. Soc. London, **23**, 495—566.

[7] BEACH, F. A., 1948: Hormones and Behavior. New York.

[7a] BLEST, A. D.: unveröffentlicht.

[8] BOESEMANN, M., van der DRIFT, J., van ROON, J. M., TINBERGEN, N., und ter PELKWIJK, J., 1938: De bittervoorns en hun mossels. De Levende Natuur, **43**, 129—236.

[9] BOLWIG, N., 1954: The role of scent as a nectar guide for honeybees on flowers and an observation on the effect of colour on recruits. Brit. J. animal Behaviour, **2**, 81—83.

[10] BUCHHOLTZ, Chr., 1951: Untersuchungen an der Libellengattung *Calopteryx* Leach unter besonderer Berücksichtigung etologischer Fragen. Z. Tierpsychol., **8**, 273—293.

[11] BULLOUGH, W. S., 1951: Vertebrate Sexual Cycles. London.

[12] BURGER, J. W., 1949: A review of experimental investigations of seasonal reproduction in birds. Wilson Bulletin, **61**, 201—230.

[13] BUXTON, J., 1950: The Redstart. London.

[14] CARPENTER, C. R., 1934: A field study of the behavior and social relations of howling monkeys. Comp. Psychol. Mon., **10**, 1—168.

[15] CINAT-TOMSON, H., 1926: Die geschlechtliche Zuchtwahl beim Wellensittich *(Melopsittacus undulatus* Shaw). Biol. Zbl., **46**, 543—552.

[16] COTT, H., 1940: Adaptive Coloration in Animals. London.

[17] CRAIG, W., 1911: Oviposition induced by the male in pigeons. J. Morphol., **22**, 299—305.

[18] CRAIG, W., 1913: The stimulation and the inhibition of ovulation in birds and mammals. J. anim. Behav., **3**, 215—221.

[19] CRANE, J., 1941: Crabs of the genus *Uca* from the West Coast of Central America. Zoologica, N. Y., **26**, 145—208.

[20] CRANE, J., 1949: Comparative biology of salticid spiders at Rancho Grande, Venezuela. III. Systematics and behavior in representative new species. Zoologica, N. Y., **34**, 31—52.

[21] CRANE, J., 1949: Comparative biology of salticid spiders at Rancho Grande, Venezuela. IV. An analysis of display, ebenda, 159—214.

[22] DAANJE, A., 1950: On locomotory movements in birds and the intention movements derived from them. Behaviour, **3**, 48—98.

[23] DARLING, F. F., 1938: Bird Flocks and the Breeding Cycle. Cambridge.

[24] DICE, L. R., 1947: Effectiveness of selection by owls of deer-mice _(Peromyscus maniculatus)_ which contrast in color with their background. Contr. Lab. Vertebr. Biol., Ann Arbor, **34**, 1—20.

[25] DREES, O., 1952: Untersuchungen über die angeborenen Verhaltensweisen bei Springspinnen _(Salticidae)_. Z. Tierpsychol., **9**, 169—207.

[26] DUYM, M., und van OYEN, G. M., 1948: Het sjirpen van de Zadelsprinkhaan. De Levende Natuur, **51**, 81—87.

[27] EIBL-EIBESFELDT, I., 1950: Über die Jugendentwicklung des Verhaltens eines männlichen Dachses _(Meles meles_ L.) unter besonderer Berücksichtigung des Spieles. Z. Tierpsychol., **7**, 327—355.

[28] EIBL-EIBESFELDT, I., 1950: Beiträge zur Biologie der Haus- und der Ährenmaus nebst einigen Beobachtungen an anderen Nagern. Z. Tierpsychol., **7**, 558—588.

[29] EIBL-EIBESFELDT, I., 1950: Ein Beitrag zur Paarungsbiologie der Erdkröte. Behaviour, **2**, 217—236.

[30] EIBL-EIBESFELDT, I., 1951: Nahrungserwerb und Beuteschema der Erdkröte. Behaviour, **4**, 1—35.

[31] EIBL-EIBESFELDT, I., 1951: Gefangenschaftsbeobachtungen an der persischen Wüstenmaus _(Meriones p. persicus_ Blandford): Ein Beitrag zur vergleichenden Ethologie der Nager. Z. Tierpsychol., **8**, 400—423.

[32] EIBL-EIBESFELDT, I., 1951: Beobachtungen zur Fortpflanzungsbiologie und Jugendentwicklung des Eichhörnchens _(Sciurus vulgaris_ L.). Z. Tierpsychol., **8**, 370—400.

[33] EIBL-EIBESFELDT, I., 1952: Vergleichende Verhaltensstudien an Anuren; I. Zur Paarungsbiologie des Laubfrosches _(Hyla arborea_ L.). Z. Tierpsychol., **9**, 383—394.

[34] EIBL-EIBESFELDT, I., 1953: Zur Ethologie des Hamsters _(Cricetus cricetus_ L.). Z. Tierpsychol., **10**, 204—254.

[35] ESCHERICH, E., 1909: Die Termiten. Leipzig, W. Klinkhardt.

[36] ESCHERICH, E., 1917: Die Ameise. Schilderung ihrer Lebensweise. Braunschweig, Vieweg.

[37] FABER, A., 1953: Laut- und Gebärdensprache bei Insekten: _Orthoptera_ (Geradflügler), Teil 1. Ges. Fr. u. Mitarb. Staatl. Mus. Naturkunde Stuttgart.

[38] FABRICIUS, E., 1951: Zur Ethologie junger Anatiden. Acta Zoologica Fennica, **68**, 1—177.

[39] FRISCH, K. von, 1914: Der Farbensinn und Formensinn der Biene. Zool. Jb. Allg. Zool. Physiol., **35**, 1—188.

[40] FRISCH, K. von, 1918: Beitrag zur Kenntnis sozialer Instinkte bei solitären Bienen. Biol. Zentralbl., **38**, 183 (dort Abb. 1 dieses Buches).

[41] FRISCH, K. von, 1938: Versuche zur Psychologie des Fisch-Schwarmes. Naturwiss., **26**, 601—607.

[42] FRISCH, K. von, 1950: Bees, their Vision, Chemical Senses, and Language. Ithaca, N. Y.

43 FRISCH, K. von, 1952: Die Richtungsorientierung der Bienen. Verh. Dt. Zool. Ges. Freiburg, 58—72.

44 FRISCH, K. von, HERAN, H., und LINDAUER, M., 1953: Gibt es in der „Sprache" der Bienen eine Weisung nach oben und unten? Z. vgl. Physiol., **35,** 219—245.

45 FRISCH, K. von, 1953: Aus dem Leben der Bienen, 5. Aufl. Verständliche Wissenschaft, Bd. 1. Springer, Berlin, Göttingen, Heidelberg. 159 SS.

46 FRISCH, K. von, 1954: Lernvermögen und erbgebundene Tradition im Leben der Biene. Colloque international sur l'instinct. Paris, im Druck.

47 FRITSCH, R. H., 1951: Beobachtungen an einer neugebildeten Brutkolonie der Silbermöwe *(Larus a. argentatus* Pontopp). Z. Tierpsychol., **8,** 252—273.

48 GERHARDT, U., 1930: Biologische Untersuchungen an südfranzösischen Spinnen. Z. Morph. Ökol., **19,** 184—227.

49 GERHARDT, U., 1940: Neue biologische Nacktschneckenstudien. Z. Morph. Ökol., **36,** 557—580.

50 GOETHE, Fr., 1937: Beobachtungen und Untersuchungen zur Biologie der Silbermöwe *(Larus a. argentatus)* auf der Vogelinsel Memmertsand. J. Ornithol., **85,** 1—119.

51 GOETSCH, W., 1940: Vergleichende Biologie der Insektenstaaten. Leipzig.

52 GÖZ, H., 1941: Über den Art- und Individualgeruch bei Fischen. Z. vgl. Physiol., **29,** 1—45.

53 GRASSÉ, P. P., und NOIROT, Ch.: La sociotomie: migration et fragmentation chez les *Anoplotermes* et les *Trinervitermes.* Behaviour, **3,** 146—166.

54 GRZIMEK, B., 1944: Rangordnungsversuche mit Pferden. Z. Tierpsychol., **6,** 455—464.

55 HEDIGER, H., 1949: Säugetier-Territorien und ihre Markierung. Bijdr. tot de Dierk., **28,** 172—184.

56 HEDIGER, H., 1950: Wild animals in captivity. An outline on the biology of Zoological Gardens. Butterworths Scientific Publ. London. 207 SS.

57 HEDIGER, H., 1951: Jagdzoologie — auch für Nichtjäger. F. Reinhardt, Basel, 212 SS., 76 Abb.

58 HEDIGER, H., 1954: Skizzen zu einer Tierpsychologie im Zoo und im Zirkus. Zürich, Büchergilde Gutenberg, 294 SS., 34 Abb.

59 HEINROTH, O., 1911. Beiträge zur Biologie, namentlich Ethologie und Psychologie der Anatiden. Verh. V. Intern. Ornithol. Kongr., Berlin, 589—702.

60 HEINROTH, O. und M., 1928: Die Vögel Mitteleuropas. Berlin.

61 HINDE, R., 1952: Aggressive behaviour in the Great Tit. Behaviour, Suppl., **2,** 1—201.

62 HOWARD, H. E., 1920: Territory in Bird Life. London.

63 HUXLEY, J. S., 1934: Threat und warning coloration in birds. Proc. 8th Internat. Ornithol. Congr., Oxford, 430—455.

63 a IERSEL, J. J. A. van, 1953: An analysis of the parental behaviour of the male three-spined stickleback. Behaviour, Suppl. 3.

64 ILSE, D., 1929: Über den Farbensinn der Tagfalter. Z. vgl. Physiol., **8,** 658—692.

[65] JACOBS, W., 1953: Verhaltensbiologische Studien an Feldheuschrecken. Beih. 1 zur Z. Tierpsychol., 228 SS., 83 Abb.

[66] JONES, F. M., 1932: Insect coloration and the relative acceptability of insects to birds. Trans. Entomol. Soc. London, **80**, 345—385.

[67] KATZ, D., und RÉVÉSZ, G., 1909: Experimentell-psychologische Untersuchungen mit Hühnern. Z. Psychol., **50**, 51—59.

[67a] KIRCHSHOFER, R., 1953: Aktionssystem des Maulbrüters *Haplochromis desfontainesii*. Z. Tierpsychol., **10**, 297—318.

[68] KITZLER, G., 1941: Die Paarungsbiologie einiger Eidechsenarten. Z. Tierpsychol., **4**, 353—402.

[69] KNOLL, Fr., 1925: Lichtsinn und Blütenbesuch des Falters von *Deilephila livornica*. Z. vgl. Physiol., **2**, 329—380.

[70] KNOLL, Fr., 1926: Insekten und Blumen. Wien.

[71] KOEHLER, O., und ZAGARUS, A., 1937: Mitteilungen zum Brutverhalten des Halsbandregenpfeifers. Beiträge zur Fortpflanzungsbiologie der Vögel. Jg. 13, 1—9.

[72] KOEHLER, O., 1940: Instinkt und Erfahrung im Brutverhalten des Sandregenpfeifers. Sitzgsber. Ges. Morph. Physiol. München. 49. Jg., 31 SS.

[73] KOEHLER, O., 1951: Der Vogelgesang als Vorstufe von Musik und Sprache. J. Ornithol., **93**, 3—20.

[74] KOEHLER, O., 1952: Vom unbenannten Denken. Verh. Dt. Zool. Ges. Freiburg, 202—211.

[75] KOEHLER, O., 1954: Vorbedingungen und Vorstufen unserer Sprache bei Tieren. Verh. Dt. Zool. Ges. Tübingen, 327—341.

[76] KOEHLER, O., 1954: Sprache und unbenanntes Denken. Colloque international sur l'instinct. Paris, im Druck.

[77] KORRINGA, P., 1947: Relations between the moon and periodicity in the breeding of marine animals. Ecol. Monogr., **17**, 349—381.

[78] KRAMER, G., 1937: Beobachtungen über Paarungsbiologie und soziales Verhalten von Mauereidechsen. Z. Morphol. Oekol. Tiere, **32**, 752—784.

[79] KUGLER, H., 1930: Blütenökologische Untersuchungen an Hummeln. I. Planta, **10**, 229—280. — III. 1932: ebenda, **16**, 227—276. — IV. ebenda, 534—553. — V. 1933: ebenda, **19**, 279—298. — 1943: Hummeln als Blütenbesucher. Erg. Biol. **19**, 143—323.

[80] LACK, D., 1932: Some breeding habits of the European Nightjar. The Ibis, Ser. 13, **2**, 266—284.

[81] LACK, D., 1933: Habitat selection in birds. J. anim. Ecol., **2**, 239—262.

[82] LACK, D., 1939: The display of the Blackcock. Brit. Birds, **32**, 290—303.

[83] LACK, D., 1943: The life of the Robin. London.

[84] LACK, D., 1947: Darwin's Finches. Cambridge.

[85] LAVEN, B., 1941: Beobachtungen über Balz und Brut beim Kiebitz. J. Ornithol., Ergänzungsband III, Festschrift für Heinroth, 1—64.

[86] LAVEN, H., 1940: Beiträge zur Biologie des Sandregenpfeifers *(Charadrius hiaticula* L.). J. Ornithol., **88**, 183—288.

[87] LEDERER, G., 1951: Biologie der Nahrungsaufnahme der Imagines von *Apatura* und *Limenitis* sowie Versuche zur Feststellung der Gustorezeption durch die Mittel- und Hinterfußtarsen dieser Lepidopteren. Z. Tierpsychol., **8**, 41—61.

88 LEINER, M., 1929: Oekologische Untersuchungen an *Gasterosteus aculeatus* L. Z. Morphol. Oekol. Tiere, **14**, 360—400.

89 LEINER, M., 1930: Fortsetzung der ökologischen Studien an *Gasterosteus aculeatus* L. Z. Morphol. Oekol. Tiere, **16**, 499—541.

90 LEINER, M., 1940: Kurze Mitteilung über den Brutpflegeinstinkt von Stichlingsbastarden. Z. Tierpsychol., **4**, 167—169.

91 LEX, Th., 1954: Duftmale an Blüten. Z. vgl. Physiol., **36**, 212—234.

92 LIETH, H., 1952: Untersuchungen zur Erbkoordination bei Gastropoden. Z. Tierpsychol., **9**, 372—378.

93 LINDAUER, M., 1951: Bienentänze in der Schwarmtraube. I. Die Naturwiss., **38**, 509—513. — II. 1953: ebenda, **40**, 379—385. — Ders.: 1952: Ein Beitrag zur Frage der Arbeitsteilung im Bienenstaat. Z. vgl. Physiol., **34**, 299—345. — Ders. und FRISCH, K. von, 1954: Himmel und Erde in Konkurrenz bei der Orientierung der Bienen. Die Naturwiss., **41**, 245—253.

94 LINDEMANN, W., 1951: Über die Balzerscheinungen und die Fortpflanzungsbiologie beim Kampfläufer. Z. Tierpsychol., **8**, 210—224.

95 LISSMANN, H. W., 1932: Die Umwelt des Kampffisches *(Betta splendens* Regan). Z. vgl. Physiol., **18**, 65—112.

96 LORENZ, K., 1927: Beobachtungen an Dohlen. J. Ornithol., **75**, 511—519.

97 LORENZ, K., 1931: Beiträge zur Ethologie sozialer Corviden. J. Ornithol., **79**, 67—120.

98 LORENZ, K., 1935: Der Kumpan in der Umwelt des Vogels. J. Ornithol., **83**, 137—213 und 289—413.

99 LORENZ, K., 1941: Vergleichende Bewegungsstudien an Anatinen. J. Ornithol., **89** (Festschrift für Heinroth), 194—294.

100 LORENZ, K., 1952: Er redete mit dem Vieh, den Vögeln und den Fischen. 6.—8. Aufl. Wien, Borotha-Schoeler.

101 MAGNUS, D., 1950: Beobachtungen zur Balz und Eiablage des Kaisermantels *Argynnis paphia* L. (Lep., Nymphalidae). Z. Tierpsychol., **7**, 435—449.

102 MAGNUS, D., 1954: Zum Problem der überoptimalen Schlüsselreize. Verh. Dt. Zool. Ges. Tübingen, 317—325.

103 MAKKING, G. F., 1931: Die Kopulation der Brandente *(Tadorna tadorna* L.). Ardea, **20**, 18—22.

104 MAKKING, G. F., 1936: An attempt at an ethogram of the European Avocet *(Recurvirostra avosetta* L.), with ethological and psychological remarks. Ardea, **25**, 1—60.

105 MARQUENIE, J. G. M., 1950: De balts van de Kleine Watersalamander. De Levende Natuur, **53**, 147—155.

106 MATTHES, E., 1948: *Amicta febretta.* Ein Beitrag zur Morphologie und Biologie der Psychiden. Mémor e estudos do Mus. Zool., Coimbra, **184**, 1—80.

107 MATTHES, E., 1953: Die bei *Fumea crassiorella* (Lepid., Psychidae) vor der Metamorphose stattfindende Drehung als Beispiel einer autonomen Instinkthandlung. Z. Tierpsychol., **10**, 12—24.

108 McDOUGALL, W., 1933: An outline of psychology. 6. Aufl. London.

[109] MEISENHEIMER, J., 1921: Geschlecht und Geschlechter im Tierreich. Jena. Kap. 18: Die sexuellen Waffen, S. 484 ff.

[110] MOSEBACH-PUKOWSKI, E., 1937: Über die Raupengesellschaften von *Vanessa io* und *V. urticae*. Z. Morphol. Oekol. Tiere, **33**, 358—380.

[111] MOSTLER, G.,1935: Beobachtungen zur Frage der Wespenmimikry. Z. Morphol. Oekol. Tiere, **29**, 381—455.

[112] NICE, M. M., 1937: Studies in the life history of the song sparrow. I. Transactions Linnean Soc. New York. Band 4, 277 SS. — II., 1943: ebenda, Band 6, 329 SS.

[113] NOBLE, G. K., 1934: Experimenting with the courtship of lizards. Nat. Hist., **34**, 1—15.

[114] NOBLE, G. K., 1936: Courtship and sexual selection of the Flicker *(Colaptes auratus luteus)*. The Auk, **53**, 269—282.

[115] NOBLE, G. K., und BRADLEY, H. T., 1933: The mating behaviour of lizards. Ann. N. Y. Acad. Sci., **35**, 25—100.

[116] NOBLE, G. K., und CURTIS, B., 1939: The social behavior of the Jewel Fish, *Hemichromis bimaculatus* Gill. Bull. Am. Mus. Nat. Hist., **76**, 1—46.

[117] PALMGREN, P., 1943 (erschienen 1949): Studien über die Tagesrhythmik gekäfigter Zugvögel. Z. Tierpsychol., **6**, 44—86.

[118] PELKWIJK, J. J. ter, und TINBERGEN, N., 1937: Eine reizbiologische Analyse einiger Verhaltensweisen von *Gasterosteus aculeatus* L. Z. Tierpsychol., **1**, 193—204.

[119] PETERS, H. M., und LÄNGE, H., 1950: Über das Verhalten der Silbermöwe *(Larus a. argentatus)* zu ihrem Gelege. Z. Tierpsychol., **7**, 121—133.

[120] PORTIELJE, A. F. J., 1928: Zur Ethologie bzw. Psychologie der Silber möwe *(Larus a. argentatus* Pontopp.). Ardea, **17**, 112—149.

[121] POULTON, E. B., 1890: The colours of animals. London.

[122] PRECHT, H., 1952: Über das angeborene Verhalten von Tieren. Versuche an Springspinnen *(Salticidae)*. Z. Tierpsychol., **9**, 207—230.

[122a] PRECHTL, H. F. R., 1951: Zur Paarungsbiologie einiger Molcharten. Z. Tierpsychol., **8**, 337—348.

[123] REGEN, J., 1914: Über die Anlockung des Weibchens von *Gryllus campestris* L. durch telefonisch übertragene Stridulationslaute des Männchens. Pflügers Arch. **155**.

[124] RIDDLE, O., 1941: Endocrine aspects of the physiology of reproduction. Ann. Rev. Physiol., **3**, 573—616.

[125] ROBERTS, BR., 1940: The breeding behaviour of penguins. Brit. Graham Land Exped. 1934—1937. Scientif. Reports, **1**, 195—254.

[126] RÖSCH, G. A., 1925: Untersuchungen über die Arbeitsteilung im Bienenstaat. I. Z. vgl. Physiol., **2**, 571—631. — II. 1927: **6**, 265—298. — III. 1930: **12**, 1—71.

[127] ROWAN, W., 1938: Light and seasonal reproduction in animals. Biol. Rev. **13**, 374—402.

[128] DE RUITER, L., 1952: Over Pijlstaarten met en zonder oogvlekken. De Levende Natuur, **57**, 121—126.

129 DE RUITER, L., 1952: Some experiments on the camouflage of stick cater-
pillars. Behaviour, **4**, 222—232.

130 RUSSELL, E. S., 1945: The directiveness of organic activities. Cambridge.

131 SANDEN, W. von, 1952: Schreckstellung der Bekassine. Z. Tierpsychol., **9**,
119—120.

132 SAUER, F., 1954: Die Entwicklung der Lautäußerungen vom Ei ab schall-
dicht gehaltener Dorngrasmücken *(Sylvia c. communis* Latham) im
Vergleich mit später isolierten und mit wildlebenden Artgenossen. Z.
Tierpsychol., **11**, 10—93.

133 SCHENKEL, R., 1947: Ausdrucks-Studien an Wölfen. Behaviour, **1**, 81—130.

134 SCHJELDERUP-EBBE, T., 1922: Beiträge zur Sozialpsychologie des Haushuhns. Z. Psychol., **88**, 225—252.

135 SCHJELDERUP-EBBE, T., 1923: Weitere Beiträge zur Sozialpsychologie des
Haushuhns. Ebenda, **92**.

136 SCHJELDERUP-EBBE, T., 1924: Zur Sozialpsychologie der Vögel. Ebenda, **95**.

137 SCHJELDERUP-EBBE, T., 1925: Soziale Verhältnisse bei Säugetieren. Ebenda, **97**.

138 SCHREMMER, FR., 1941: Sinnesphysiologie und Blumenbesuch des Falters
von *Plusia gamma* L. Zool. Jb. Syst., **74**, 375—435.

139 SCHUYL, G., TINBERGEN, L., und TINBERGEN, N., 1936: Ethologische Beobachtungen am Baumfalken, *Falco s. subbuteo* L. J. Ornithol., **84**,
387—434.

140 SCOTT, P., 1951: Third Annual Report, 1949—1950, of the Severn Wild-
fowl Trust. London.

141 SEITZ, A., 1940: Die Paarbildung bei einigen Cichliden. I. Z. Tierpsychol.,
4, 40—84. — II. 1942: ebenda, **5**, 74—101. — III. 1944 (erschienen
1949): ebenda, **6**, 202—235.

142 SELOUS, E., 1929: Schaubalz und geschlechtliche Auslese beim Kampfläufer. J. Ornithol., **77**, 262—309.

143 SEVENSTER, P., 1949: Modderbaarsjes. De Levende Natuur, **52**, 161—168,
184—190.

144 SLADEN, W. J. L., 1953: The Adelie penguin. Nature, **171**, 952—955.

145 SPIETH, H. T., 1949: Sexual behavior and isolation in *Drosophila*. II.
The interspecific mating behavior of species of the *willistoni* group.
Evolution, **3**, 67—82.

146 STEINIGER, F., 1938: Die genetische, tierpsychologische und ökologische
Seite der Mimicry. Z. ang. Entomol., **25**, 461—471.

146 a STEINIGER, F., 1938: Warnen und Tarnen im Tierreich. Ein Bildbuch
zur Schutzanpassungsfrage. Bermühler, Berlin. — Ders. 1942: Eine
Kritik an der exakten Mimicryforschung Heikertingers. Z. ang. Entomol., **29**, 329—346.

147 STEINIGER, F., 1950: Beiträge zur Soziologie und sonstigen Biologie der
Wanderratte. Z. Tierpsychol., **7**, 356—379.

148 SUMNER, F. B., 1934: Does "protective coloration" protect? Proc. Acad.
Sci. Washington, **20**, 559—564.

149 SUMNER, F. B., 1935: Evidence for the protective value of changeable
coloration in fishes. Amer. Natural., **69**, 245—266.

[150] SUMNER, F. B., 1935: Studies of protective color changes. III. Experiments with fishes both of predators and prey. Proc. Nat. Acad. Sci. Washington, **21**, 345—353.

[151] SZYMANSKI, J. S., 1913: Ein Versuch, die für das Liebesspiel charakteristischen Körperstellungen und Bewegungen bei der Weinbergschnecke künstlich hervorzurufen. Pflügers Arch., **149**, 471—482.

[152] THORPE, W. H., 1951: The learning abilities of birds. The Ibis, **93**, 1—52, 252—296.

[153] TINBERGEN, L., 1935: Bij het nest van de Torenvalk. De Levende Natuur, **40**, 9—17.

[154] TINBERGEN, L., 1939: Zur Fortpflanzungsethologie von *Sepia officinalis* L. Arch. néerl. Zool., **3**, 323—364.

[155] TINBERGEN, N., 1931: Zur Paarungsbiologie der Flußseeschwalbe *(Sterna h. hirundo* L.). Ardea, **20**, 1—18.

[156] TINBERGEN, N., 1935: Field observations of East Greenland birds I. The behaviour of the Red-necked Phalarope *(Phalaropus lobatus* L.) in spring. Ardea, **24**, 1—42.

[157] TINBERGEN, N., 1936: The function of sexual fighting in birds; and the problem of the origin of territory. Bird Banding, **7**, 1—8.

[158] TINBERGEN, N., 1937: Über das Verhalten kämpfender Kohlmeisen *(Parus m. major* L.). Ardea, **26**, 222—223.

[159] TINBERGEN, N., 1939: Field observations of East Greenland birds II. The behaviour of the Snow Bunting *(Plectrophenax nivalis subnivalis* A. E. Brehm) in spring. Trans. Linn. Soc. N. Y., **5**, 1—94.

[160] TINBERGEN, N., 1940: Die Übersprungbewegung. Z. Tierpsychol., **4**, 1—40.

[161] TINBERGEN, N., 1942: An objectivistic study of the innate behaviour of animals. Biblioth. biotheor., **1**, 39—98.

[162] TINBERGEN, N., 1948: Social releasers and the experimental method required for their study. Wilson Bull., **60**, 6—52.

[163] TINBERGEN, N., 1950: Einige Beobachtungen über das Brutverhalten der Silbermöwe *(Larus argentatus)*. In: Ornithologie als biologische Wissenschaft, Festschrift für E. Stresemann, 162—167.

[164] TINBERGEN, N., 1951: The Study of Instinct. Oxford. 1952 übersetzt als Instinktlehre. Paul Parey, Berlin und Hamburg.

[165] TINBERGEN, N., 1951: On the significance of territory in the Herring Gull. The Ibis, **94**, 158—159.

[166] TINBERGEN, N., 1951: A note on the origin and evolution of threat display. The Ibis, **94**, 160—162.

[167] TINBERGEN, N., 1952: Derived activities; their causation, function and origin. Quart. Rev. Biol., **27**, 1—32.

[168] TINBERGEN, N., 1953: The Herring Gull's world. A Study of the social behaviour of birds. The New Naturalist Library. Collins, London. 255 SS.

[169] TINBERGEN, N., und IERSEL, J. J. A. van: unveröffentlicht. Vgl. 63 a.

[170] TINBERGEN, N., und KUENEN, D. J., 1939: Über die auslösenden und die richtunggebenden Reizsituationen der Sperrbewegung von jungen Drosseln. Z. Tierpsychol., **3**, 37—60.

[171] TINBERGEN, N., MEEUSE, B. J. D., BOEREMA, L. K., und VAROSSIEAU, W. W., 1942: Die Balz des Samtfalters, *Eumenis (= Satyrus) semele* (L.). Z. Tierpsychol., **5**, 182—226.

[172] TINBERGEN, N., und MOYNIHAN, M., 1952: 'Head-flagging' in the Black-headed Gull; its function and origin. Brit. Birds, **45**, 19—22.

[173] TINBERGEN, N., und PELKWIJK, J. J. ter, 1938: De Kleine Watersalamander. De Levende Natuur, **43**, 232—237.

[174] TINBERGEN, N., und PERDECK, A. C., 1950: On the stimulus situation releasing the begging response in the newly hatched Herring Gull chick *(Larus a. argentatus* Pontopp.). Behaviour, **3**, 1—38.

[175] VERWEY, J., 1930: Einiges über die Biologie ostindischer Mangrovekrabben. Treubia, **12**, 169—261.

[176] VERWEY, J., 1930: Die Paarungsbiologie des Fischreihers. Zool. Jb. Allg. Zool. Physiol., **48**, 1—120.

[177] WEIDMANN, U., 1951: Über den systematischen Wert von Balzhandlungen bei *Drosophila.* Rev. Suisse de Zoologie, **54**, 502—509.

[178] WELTY, J. C., 1934: Experiments in group behaviour of fishes. Physiol. Zool., **7**, 85—128.

[179] WHEELER, M. W., 1928: The social insects. London.

[180] WILSON, D., 1937: The habits of the Angler Fish, *Lophius piscatorius* L., in the Plymouth aquarium. J. Mar. Biol. Ass. U. K., **21**, 477—96.

[181] WINDECKER, W., 1939: *Euchelia (= Hypocrita) jacobaeae* L. und das Schutztrachtenproblem. Z. Morphol. Oekol. Tiere, **35**, 84—138.

[182] WREDE, W., 1932: Versuche über den Artduft der Elritzen. Z. vgl. Physiol., **17**, 510—519.

[183] WUNDER, W., 1930: Experimentelle Untersuchungen am dreistachligen Stichling *(Gasterosteus aculeatus* L.) während der Laichzeit. Z. Morphol. Oekol. Tiere, **14**, 360—400.

[184] ZIPPELIUS, H. M., 1948: Untersuchungen über das Balzverhalten heimischer Molche. Verh. Dt. Zool. Ges. Kiel. 127—130.

AUTORENVERZEICHNIS

SACHVERZEICHNIS

Auf den mit * versehenen Seiten erscheinen Abbildungen zum Stichwort

A

Abendpfauenauge *(Smerinthus ocellatus)* 86, bei 112*

Ablösen des Brutpartners 7, 17, 46 beim Jungeführen 44*

Abstand halten 56

Accipiter gentilis (Habicht) 41

— *nisus* (Sperber) 1, 50*, 51, 114

Adeliepinguin *(Pygoscelis adeliae)* 101

Adoptieren 95

Affektsprache 68

Aix galericulata (Mandarinente) 115*

Alarm 3, 6, 45, 50, 51, 67, 107, 114, 126

Alopochen aegyptiaca (Nilgans) 102

Ameise 75, 94, 95, 111*

Ammophila adriaansei (Sandwespe) 92*, 123

Amsel *(Turdus merula)* 18*, 41, 45, 114

Anas platyrhyncha (Stockente) 64, 115*

— *querquedula* (Knäkente) 115*, 116

Angeborene Verhaltensweisen, z. B. 58, 68, 72

Anglerfisch *(Lophius piscatorius)* 85

Angriff 6, 8, 17*, 42, 43, 47, 50*, 51, 57*—62, 69, 98, 114, 117, 120, 121

Angst 16

Anhassen 50*, 51

Annelides (Ringelwürmer) 105

Anpassung, visuelle 89

Anser anser (Graugans) 99—103

Anstecken 3, 7, 16, 49, 50

Anthus (Pieper) 32

Antilopen 53, 54*

Antilope cervicapra (Hirschziegenantilope) 54*

Anziehung der Geschlechter 15, 22—32

Aptenodytes patagonica (Königspinguin) bei 80*

Aquarium 27, 124

Arbeiterin 93—95

Arbeitsteilung bei Vögeln 17, 45, 46, bei Bienen 18, 93, 106, 107

Ardea cinerea (Fischreiher) 30, 89, 97

Aronstab *(Arum maculatum)* 84*

Apis mellifica (Honigbiene) 68, 80—84, 93, 105, 110, 111

Artbastarde 22, 33

Artduft 49

Artentrennung 22, 33, 36, 44, 64, 78

Arterhaltung z. B. 20

Arum maculatum (Aronstab) 84*

Athene noctua (Steinkauz) 41, 50

Attrappenversuche 25*, 26*, 32, 36, 45, 59, 60*, 61*, 62, 72*, 73*, 83*, 119, 125, 126

Auffälligmachen 68 f

Aufrechtdrohen 4*, 71, 112

Augenfleck 14*, 53, 54*, 85, 86*, 87, 89

Instinktlehre

Vergleichende Erforschung angeborenen Verhaltens
Von Prof. Dr. NIKOLAAS TINBERGEN, Oxford

Übersetzt von Prof. Dr. O. KOEHLER. 5. Auflage. 1972. 276 Seiten mit 130 Abbildungen. Kartoniert DM 34,—; Ganzleinen DM 38,—

„In diesem Werk wird das weite Arbeitsgebiet der vergleichenden Verhaltensforschung (Ethologie) zusammengefaßt und lehrbuchmäßig dargestellt. Das Werk entspricht einem allgemeinen Bedürfnis nach einer ersten zusammenfassenden Darstellung der bisher sehr zerstreut erschienenen Arbeiten über vergleichende Verhaltensforschung. Im Buch werden folgende Kapitel behandelt: Objektive Verhaltensforschung, Verhalten als Antwort auf äußere Reize, die für spontanes Verhalten verantwortlichen Innenfaktoren, die Entwicklungsgeschichte des Verhaltens, der Anpassungswert des Verhaltens und die stammesgeschichtliche Entwicklung des Verhaltens."

Haus und Natur

Tierbeobachtungen zwischen Arktis und Afrika

Forscherfreuden in freier Natur
Von Prof. Dr. NIKOLAAS TINBERGEN, Oxford

Aus dem Englischen und Holländischen übersetzt und bearbeitet von AMÉLIE KOEHLER. Mit einem Geleitwort von Prof. Dr. Dr. KONRAD LORENZ. 3. Auflage. 1967. 228 Seiten mit 80 Abbildungen im Text und auf 32 Tafeln. Kartoniert DM 14,—

„Niko Tinbergen, einer der bekanntesten Freilandzoologen, schildert in seinem Buch seine Erlebnisse und Entdeckungen. Da der Verfasser auch ein ausgezeichneter Erzähler ist, liest man seine Schilderungen über Bienenwölfe und Robben, Sandwespen und Polarhunde, über Baumfalken, Lachmöwen und andere Tiere zwischen ewigem Eis und Äquator gespannt von der ersten bis zur letzten Seite. Ein Natur- und Tierbuch, wie man es sich wünscht."

Hamburger Abendblatt

Gedächtnis, Begriffsbildung und Planhandlungen bei Tieren

Von Prof. Dr. BERNHARD RENSCH, Münster. 1973. 274 Seiten mit 132 Abbildungen und 23 Tabellen. Balacron broschiert DM 55,—

„Die neuere tierpsychologische Forschung hat gezeigt, daß die Hirnleistungen der Tiere bedeutender sind, als man erwartet hatte. Das Buch gibt einen Überblick über den Stand des gegenwärtigen Wissens, das durch eine inzwischen nach Zehntausenden zählenden Menge von Einzeluntersuchungen erreicht wurde. Neben einer Übersicht legt der Autor einen Schwerpunkt auf die Frage, inwieweit tierische Leistungen Vorstufen menschlicher Denkprozesse sein können. Die sehr ausführliche Bibliographie zum Themenkreis ermöglicht weiterführende Studien, das Buch ist aber auch für interessierte Laien gut lesbar."

Bild der Wissenschaft

VERLAG PAUL PAREY · BERLIN UND HAMBURG

Die Seele des Hundes

Von Prof. Dr. WERNER FISCHEL, Leipzig. 2., verbesserte und erweiterte Auflage. 1961. 159 Seiten mit 42 Abbildungen. Ganzleinen DM 24,—

Mit Horn und Huf
Vom Verhalten der Horntiere

Von Dr. FRITZ R. WALTHER. 1966. 171 Seiten mit 51 Strichzeichnungen im Text und 28 Fotos auf 8 Tafeln. Glanzkaschiert DM 20,—

Bei seltenen Vögeln in Moor und Steppe

Von Dr. OTTO VON FRISCH, Braunschweig. 1965. 119 Seiten mit 30 Fotos auf 16 Tafeln. Glanzkaschiert DM 18,—

Alle Taschen voller Tiere

Von Dr. OTTO VON FRISCH, Braunschweig. 1966. 116 Seiten mit 20 Fotos auf 8 Tafeln. Glanzkaschiert DM 18,—

Meine Freunde, die Kolibris
Streifzüge durch Mexiko

Von Dr. HELMUTH O. WAGNER, Bremen. Mit einem Geleitwort von Prof. Dr. Dr. KONRAD LORENZ. 1966. 158 Seiten mit 40 Abbildungen im Text und 27 Fotos auf 12 Tafeln. Glanzkaschiert DM 20,—

Wildlebende Pferde

Von GERHARD KAPITZKE, Hannover. 1973. 168 Seiten mit 170 Abbildungen, davon 16 vierfarbigen, und 35 Zeichnungen. Ganzleinen DM 78,—

Zeitschrift für Tierpsychologie
Vergleichende Verhaltensforschung

Herausgegeben unter Mitarbeit leitender Fachgelehrter von E. CURIO, Bochum, K. LORENZ, Altenberg, P. MARLER, New York und W. WICKLER, Seewiesen.
Jährlich erscheinen drei Bände zu je 5 Heften. Der Bezugspreis für 1975 beträgt DM 278,— pro Band zuzüglich Versandkosten.

VERLAG PAUL PAREY · BERLIN UND HAMBURG